AF610027

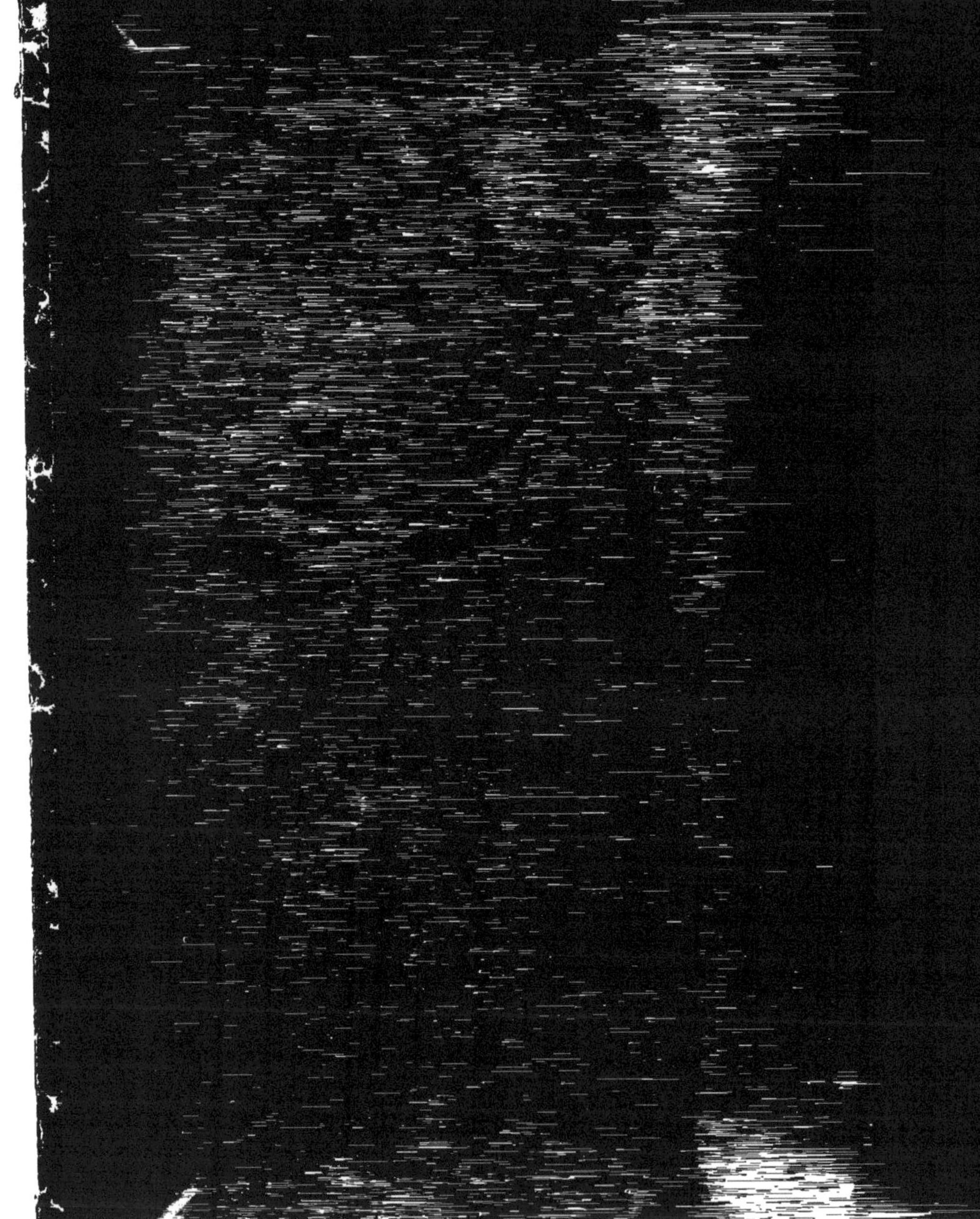

es Villes d'Art célèbres

HENRI SALADIN

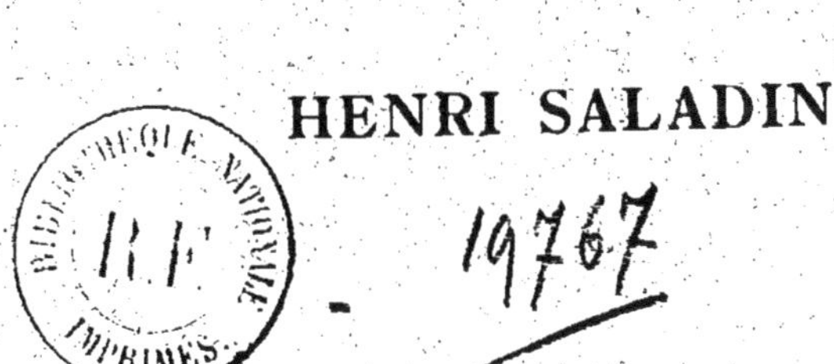

Tunis et Kairouan

LES VILLES D'ART CÉLÈBRES

TUNIS ET KAIROUAN

MÊME COLLECTION

Bruges et Ypres, par Henri HYMANS, 116 gravures.

Le Caire, par Gaston MIGEON, 133 gravures.

Constantinople, par H. BARTH, 103 gravures.

Cordoue et Grenade, par Ch.-E. SCHMIDT, 97 gravures.

Dijon et Beaune, par A. KLEINCLAUSZ, 119 gravures.

Florence, par Émile GEBHART, de l'Académie Française, 176 gravures.

Gand et Tournai, par Henri HYMANS, 120 gravures.

Gênes, par Jean DE FOVILLE, 130 gravures.

Grenoble et Vienne, par Marcel REYMOND, 118 gravures.

Milan, par Pierre GAUTHIEZ, 109 gravures.

Moscou, par Louis LEGER, de l'Institut, 86 gravures.

Munich, par Jean CHANTAVOINE, 134 gravures.

Nancy, par André HALLAYS, 118 gravures.

Nîmes, Arles, Orange, par Roger PEYRE, 85 gravures.

Nuremberg, par P.-J. RÉE, 106 gravures.

Padoue et Vérone, par Roger PEYRE, 128 gravures.

Palerme et Syracuse, par Charles DIEHL, 129 gravures.

Paris, par Georges RIAT, 151 gravures.

Poitiers et Angoulême, par H. LABBÉ DE LA MAUVINIÈRE, 113 gravures.

Pompéi (Histoire — Vie privée), par Henry THÉDENAT, de l'Institut, 123 gravures.

Pompéi (Vie publique), par Henry THÉDENAT, de l'Institut, 77 gravures.

Prague, par Louis LEGER, de l'Institut, 111 gravures.

Ravenne, par Charles DIEHL, 134 gravures.

Rome (L'Antiquité), par Émile BERTAUX, 136 gravures.

Rome (Des catacombes à Jules II), par Émile BERTAUX, 117 gravures.

Rome (De Jules II à nos jours), par Émile BERTAUX, 100 gravures.

Rouen, par Camille ENLART, 108 gravures.

Séville, par Ch.-Eug. SCHMIDT, 111 gravures.

Strasbourg, par H. WELSCHINGER, de l'Institut, 117 gravures.

Tours et les Châteaux de Touraine, par Paul VITRY, 107 gravures.

Tunis et Kairouan, par Henri SALADIN, 110 gravures.

Venise, par Pierre GUSMAN, 130 gravures.

Versailles, par André PÉRATÉ, 149 gravures.

SOUS PRESSE :

Bâle, Berne et Genève, par Antoine Sainte-Marie PERRIN.

Fontainebleau, par Louis DIMIER.

Cologne, par Louis RÉAU.

Blois, Chambord et les Châteaux du Blésois, par Fernand BOURNON.

Les Villes d'Art célèbres

Tunis et Kairouan

PAR

HENRI SALADIN

ARCHITECTE S. A. D. G.

MEMBRE DE LA COMMISSION ARCHÉOLOGIQUE DE L'AFRIQUE DU NORD

Ouvrage orné de 110 gravures

PARIS

LIBRAIRIE RENOUARD, H. LAURENS, ÉDITEUR

6, RUE DE TOURNON, 6

1908

A Monsieur René CAGNAT,

Membre de l'Institut, Professeur au Collège de France.

Mon cher ami,

Permettez-moi de vous dédier ce petit livre en souvenir de nos explorations archéologiques en Tunisie et en témoignage de ma vieille affection.

H. SALADIN

Cliché Neurdein

Panorama de Tunis pris du Dar-el-bey.

AVANT-PROPOS

L'étude de Tunis, comme ville d'art, présente le plus grand intérêt; tour à tour punique, romaine, vandale, byzantine, arabe, conquise et occupée pendant trente-trois ans par les Espagnols, soumise ensuite au protectorat ottoman, puis gouvernée par une dynastie indépendante, pour redevenir enfin sous le protectorat de la France une ville riche, d'une activité commerciale qui augmente tous les jours, et d'un caractère à moitié français et à moitié arabe qui en fait le plus grand charme, Tunis possède un attrait indicible pour tous ceux qui la connaissent. Elle a conservé tout le charme d'une ville d'Orient, en même temps qu'elle a vu ses anciens quartiers francs se modifier peu à peu, et une ville nouvelle, aux belles avenues et aux maisons élégantes s'élever autour de la vieille cité arabe.

La complexité des influences qui ont agi sur la formation de sa population, le caractère pittoresque de ses vieux quartiers, la douceur des mœurs de ses habitants plus policés et d'un esprit moins fanatique que celui des autres villes de l'Afrique du Nord, tout est un sujet d'étude intéressante, mais au point de vue de l'art, sa physionomie présente plus d'intérêt encore. Si les monuments antiques y sont rares (car je n'y connais que les restes d'un théâtre romain englobé dans les bâtiments du Dar-el-bey), les monuments arabes y foisonnent. Depuis la mosquée el Ksar, établie d'après la tradition par Hassan ibn en Noôman vers 64 de l'hégire, et la vénérable Djama el-Zitouna ou grande mosquée fondée en 114 de l'hégire (732 J.-C.) par Obeïd allah ibn el Habhab, jusqu'aux derniers monuments religieux construits par les beys de la dynastie husseïnite ou restaurés par leurs soins, on peut y suivre le développement de l'art arabe du Magreb, sous une de ses formes les plus séduisantes. D'abord en partie romaine ou byzantine puisqu'elle emprunte aux monuments romains ou byzantins les colonnes, les bases et les chapiteaux de ses mosquées, l'architecture arabe de Tunisie n'est caractérisée que par l'emploi de l'arc brisé et de l'arc légèrement outrepassé. Les plans de ses premières mosquées sont cependant déjà très typiques et dérivent plus ou moins de ceux des grandes mosquées du Caire ou de Damas comme je l'ai prouvé [1], mais l'ornementation où se trouvent déjà en principe les germes de l'art moresque, est encore en partie byzantine. Après les Aglabites, le style se transforme et l'emploi de l'arc aigu se généralise. Au XIe siècle de notre ère, du moins à ce que nous pouvons en juger par la clôture de la Maksoura de Sidi Okba de Kairouan, construite par ordre d'Abou-Temmim el Moezz, l'art arabe de Tunisie est déjà un art complet et d'une distinction extrême, mais je ne connais pas à Tunis de monuments de cette époque. A la fin du XIIe siècle, Abdel Moumen, fondateur de la dynastie des Almohades, appelé par le dernier souverain Zeirite de Tunis, Hassan, dont les Normands de Sicile avaient conquis une partie du royaume (tout le littoral de Djerba à Sousse) s'empare de la Tunisie tout entière, — c'est à partir de ce moment que l'architecture arabe de l'Andalousie, influe d'une façon remarquable sur la transformation de l'architecture et de l'art décoratif dans tout le Magreb. Nous savons en effet que c'est d'Andalousie, c'est-à-dire de la partie de l'Espagne arabe où la civilisation était arrivée à son apogée que vinrent les architectes qui embellirent à cette époque Fez, Marrakech, Tlemcen, etc., transformation qui n'eut son complet épanouissement à Tunis que sous les Hafsides, car l'historien arabe Ibn Saïd nous dit qu'au moment où il se trouvait à Tunis, c'est-à-dire au XIIIe siècle de notre ère « les

[1] Cf. *Manuel d'art musulman*, t. I; *l'Architecture*, par H. Saladin. Paris, in-8, 1907. A. Picard, éditeur.

Nous avons jugé inutile de mettre à la fin de ce volume une Bibliographie, car celle que nous aurions pu dresser se trouve très complète dans le *Manuel d'art musulman* auquel nous renvoyons ici.

architectes, les céramistes, les jardiniers qui travaillent aux monuments dont les sultans Hafsides ont embelli la ville sont tous des arabes venus d'Andalousie » ; et, depuis cette époque jusqu'à nos jours, c'est à ces traditions andalouses que se rattache l'art tunisien, soit qu'au grand exode qui suivit la prise de Grenade par Ferdinand et Isabelle en 1492, de nombreux arabes d'Espagne soient venus se fixer en Tunisie, soit qu'au dernier exode, celui de 1610, le même phénomène se produisît, et sur ce point les traditions des artisans de Tunis et le témoignage des historiens sont unanimes ; soit encore que des artisans marocains soient venus se fixer à Tunis, et nous en avons la preuve pour différentes époques ; ceux-ci dépositaires incontestés de la tradition andalouse, ou pour être plus conforme à la terminologie admise, *moresque*, ont à chacune de leurs interventions ramené au style moresque la mode tunisienne. C'est ainsi que comme nous le verrons plus loin, des céramistes et des peintres marocains ont travaillé aux revêtements de mosaïque, de faïence et aux plafonds du Dar-el-bey de Tunis, et que plus tard, un artiste marocain, Hadj Hassen el Fassi passant à Tunis pour aller faire son pèlerinage à la Mecque, y fut retenu par ordre du fameux ministre Khéreddine (c'est donc un événement presque contemporain puisqu'il se passa au XIXe siècle) non seulement pour y décorer de sculptures sur plâtre la voûte du tombeau de Sidi Brahim-er-Rihaï, mais encore pour y former des élèves dont cet intelligent ministre prenait l'entretien à ses frais.

Nous verrons qu'à partir de l'occupation ou plutôt du protectorat ottoman établi par Barberousse, l'influence de l'art turc se faisait sentir, non pas précisément dans l'architecture, puisque seule la mode d'employer des voussoirs colorés alternativement en blanc et en noir dans les arcades, et qui date du XVIe siècle, semble venir des Turcs (quoiqu'elle ait pu venir aussi d'Italie), mais surtout dans les arts décoratifs, peinture et sculpture (influence caractérisée par l'usage presque exclusif des formes arabescales empruntées aux fleurs et aux plantes) et aussi dans la broderie et l'ornementation des étoffes. Cette influence est quelquefois prépondérante, comme dans l'ornementation des dalles tombales, d'autres monuments nous la montrent parallèlement à celle de l'art traditionnel caractérisé par l'arabesque géométrique, comme dans les revêtements en plâtre découpé au fer. Enfin, une troisième influence, l'influence européenne, se fait sentir à partir du XVIe siècle, dans l'architecture, les arts décoratifs et ceux de l'ameublement. — Cette influence est due à deux causes bien différentes. La première, celle qui s'exerce pour ainsi dire directement sur les productions locales, c'est l'introduction de la main-d'œuvre européenne dans la construction et les arts mécaniques. La seconde provient de l'importation de meubles, d'étoffes, et même de matériaux sculptés tels que, colonnes, chapiteaux, bases, chambranles de portes et de fenêtres en marbre. Nous en verrons plus loin des exemples nombreux.

La première introduction de main-d'œuvre européenne se manifeste par les travaux exécutés par les esclaves chrétiens dont les corsaires barbaresques amenaient chaque année un nombre considérable ; parmi eux les ouvriers du bâtiment, les artisans de tout ordre que les Tunisiens employaient pour leurs travaux, introduisaient, peut-être malgré leurs maîtres, des formes européennes dans l'art tunisien. Les artistes même eurent leur part dans cette influence, car voici ce que dit Mariette dans la préface de la seconde édition du *Traité d'Architecture* de Daviler [1], où il donne l'histoire de la vie de A.-C. Daviler, architecte : « Envoyé à vingt ans à l'académie que le Roy de France entretient à Rome,...... il fut accompagné dans ce voyage par Antoine Desgodetz..... Des corsaires algériens qui rencontrèrent la felouque sur laquelle ils étaient montés, l'attaquèrent, s'en emparèrent et firent esclaves tous ceux qui s'y trouvaient..... L'amour de son art ne lui permit pas de dissimuler, il (Daviler) ne resta pas longtemps oisif, il chercha de l'occupation et il y a lieu de croire qu'on lui en donna. J'ai entre les mains un dessin original de lui, qui représente le plan et l'élévation d'une mosquée qui a dû être construite à Tunis sur son dessein, dans la grande rue qui conduit au faubourg de Babaluch (ce doit être Bab-el-Alloudj). L'architecture en est de fort bon goût. » Et ce n'est pas seulement dans la forme que cette influence se fit sentir, certains procédés industriels furent importés par les captifs chrétiens. C'est ainsi qu'à mon avis les procédés de fabrication de la faïence à émail stannifère, au grand feu, dont il reste tant de beaux panneaux de revêtement à Tunis, y furent importés par des Italiens, car ces procédés, suivis jusqu'à nos jours à Tunis pour cette fabrication, sont absolument semblables à ceux qui étaient pratiqués aux XVIe et XVIIe siècles en Italie, et sont très différents de ceux que les Mores d'Espagne, ou Andalous, avaient apportés à Tunis soit au XIIIe siècle, soit plus récemment à la fin du XIVe, comme on peut le voir par exemple dans les faïences du mihrab de la Zaouïa de Sidi Gassem el Djelizi à Tunis [2].

[1] Paris, 1738.

[2] Un bey fonda même au XVIIIe siècle une petite fabrique de faïence à la Marsa, mais c'est de la faïence purement italienne qui y fut produite, italienne comme modèle et décor.

Nous verrons dans les édifices que nous aurons à examiner dans les chapitres suivants que de ce mélange d'influences est née une variété de style arabe qui est loin d'être méprisable, c'est un style moins original que le style moresque, mais par cela même qu'il est européanisé en partie, il nous semble très aisément adaptable à nos mœurs et à notre confort moderne.

Cliché Garrigues.

Tunis. — Juive en costume de ville.

Cliché Garrigues.

Le Port de la Goulette.

TUNIS

CHAPITRE PREMIER

HISTOIRE

L'origine de Tunis est contemporaine de l'établissement des Phéniciens à Carthage, on croit même qu'elle lui serait antérieure et qu'elle aurait été fondée en même temps qu'Utique. Elle est mentionnée comme la seconde ville après Carthage, au moment de la première guerre punique. Déjà à une époque antérieure Tunis était un port maritime, puisque lors des guerres de Carthage contre la Sardaigne, Marseille ou la Sicile, les navires de Tunis combattaient avec ceux de Carthage.

En 395 avant J.-C. une révolution des peuplades de l'intérieur contre

Carthage prit une telle importance que leurs troupes envahirent et pillèrent Tunis et ne s'arrêtèrent que devant les fortifications inexpugnables de Carthage. D'ailleurs l'importance de Tunis est telle à ces époques reculées que son nom est mentionné dès l'an 508 avant J.-C. dans les traités conclus entre Rome et Carthage. Tunis, Carthage et Utique sont les trois grandes villes puniques.

Cliché Garrigues.

Fragment de Stèle Punique au musée de Saint-Louis, à Carthage.

Régulus s'en empare en même temps que la côte d'Afrique après avoir vaincu Amilcar et Hannon dans une bataille navale où il coule trente galères de Carthage et s'empare de soixante-cinq d'entre elles. Il y établit son quartier général afin de menacer Carthage de près, mais le Lacédémonien Xantippe après un combat meurtrier en chasse les Romains et s'empare de Régulus.

Nous devons aussi rappeler qu'un moment la révolte des Mercenaires mit Carthage à deux doigts de sa ruine, les soldats cantonnés pour ainsi dire par le sénat carthagien à Sicca Veneria se révoltèrent et s'emparèrent de Tunis d'où ils menacèrent la capitale. Tout le monde a présents à l'esprit les récits merveilleux de cette terrible guerre que Flaubert a décrite avec une magie de style incomparable et qu'il a si admirablement placée dans son cadre exact.

Retranchés dans Tunis, ils y sont assiégés par Amilcar qui ne peut les y forcer, mais qui finit cependant, en les affaiblissant par des combats continuels, par les décider à une action générale où les forces des révoltés sont définitivement brisées. Après la troisième guerre punique, l'Afrique devenait une province romaine.

Carthage prise, Tunis suivit sa fortune, mais sa renaissance suivit aussi celle de son ancienne métropole. Caïus Gracchus se préoccupa le premier de relever de ses ruines la vieille capitale punique et y établit un certain nombre de colons, plus tard César y envoya aussi des colons, mais c'est à partir du règne d'Auguste que la colonisation de Carthage

Cliché Neurdein.

Panorama de Tunis pris de la Kasba.

prit un réel et rapide développement. Sa prospérité et celle de l'Afrique romaine ne firent que s'accroître jusqu'à la fin de l'empire romain, car avant la translation de l'empire à Constantinople elle était, comme l'a dit Solin, la seconde ville du monde, après Rome. « La première et presque la mère de toutes les villes d'Afrique, disait Salvien, toujours la rivale de Rome, autrefois par ses armes et son courage, depuis par sa grandeur et sa magnificence..... ».

Actuellement, je ne connais rien à Tunis qui puisse se rattacher aux monuments de la Tunis punique.

Il n'en est pas de même de la ville romaine qui s'étendit sur ce que des sièges successifs avaient pu laisser de la ville primitive et le commencement de sa renaissance dut coïncider probablement avec celui de Carthage lorsque Auguste y envoya cinq mille colons pour la peupler et la relever de ses ruines.

S'il est possible en effet de penser que parmi les fragments antiques que l'on découvre à chaque pas dans les rues de Tunis, une grande partie peut provenir du pillage de Carthage, il n'en est pas moins vrai que beaucoup d'autres doivent provenir des restes de la Tunis romaine, dont il subsiste d'ailleurs des vestiges assez importants dans le Dar-el-Bey ou Palais du Bey, dans la partie la plus élevée de la ville. Ce sont des arcades à pilastres, avec voûtes en berceau, que j'y ai signalées dès 1885 et qui très probablement appartiennent à un théâtre antique. Il n'est pas douteux qu'une exploration plus approfondie que celle que j'ai pu en faire ne permette de découvrir dans les sous-sols de cet édifice, et même dans les caves des bâtiments voisins d'autres vestiges de ce grand monument.

Il est fort probable que toute la ville haute a dû être construite sur les ruines où sur l'emplacement de la Tunis romaine et punique. Cette ville antique ne devait pas descendre beaucoup plus bas que la grande mosquée ou tout au moins que le milieu de la rue de l'Eglise, car les historiens arabes disent[1] que « la grande mosquée domine la mer, mosquée dont l'édification de même que celle de l'Arsenal est due à Obeïd-Allah-ibn el Habhab qui amena la mer jusqu'à ce point ». Depuis lors les décombres, les débris de toute sorte ont comblé peu à peu les bas-fonds du lac, le canal d'Obeïd-Allah a été comblé aussi et la ville s'est étendue peu à peu en descendant vers l'Est ; la ville européenne peut être considérée par conséquent comme ayant été construite sur le terrain gagné

[1] Kitab el Istibcar. *Recueil de Constantine*, 1899.

sur le lac, ce qui actuellement n'est pas sans présenter de grandes difficultés techniques pour la fondation des maisons des quartiers nouveaux, car le terrain n'y a qu'une consistance médiocre.

Mais bientôt le flot des barbares envahissait l'empire et les Vandales traversant le détroit des colonnes d'Hercule, passaient en Afrique et leur flot dévastateur commençait son œuvre de destruction générale.

Cliché Sadoux.

Mosaïque d'un palais de Carthage[1].

Si nous retrouvons à Carthage des ruines de l'époque chrétienne, antérieures, contemporaines et postérieures à l'occupation Vandale, rien ne

[1] Un certain nombre de photographies que nous donnons dans cet ouvrage sont dues à feu E. Sadoux, inspecteur du Service des Antiquités et des Arts de la Régence de Tunis qui a exécuté pour ce Service un nombre considérable de clichés. On peut en admirer une faible partie exposée dans les salles annexes du musée du Bardo. Je crois nécessaire de rappeler ici la mémoire de cet excellent artiste dont le concours a été si précieux aux directeurs des Antiquités, il fut leur fidèle et consciencieux collaborateur pendant près de quinze années. Parcourant la Tunisie en tous sens, relevant les monuments antiques, surveillant et dirigeant les fouilles exécutées pour le Service, il a été un des meilleurs auxiliaires de la science archéologique en Tunisie. Mais ses soins n'étaient pas exclusivement réservés à l'archéologie classique, il a surveillé quelques restaurations de monuments arabes, notamment celles de la mosquée du Barbier et de la mosquée de Sidi-Okba à Kairouan (exécutés par l'architecte indigène de l'administration des Habous). Il avait bien souvent tenté d'attirer l'attention des pouvoirs publics sur les monuments arabes et sur les industries indigènes de la métropole et des provinces.

subsiste à Tunis des anciennes églises chrétiennes, sinon la Djama el Ksar où la tradition locale veut voir une ancienne église transformée en mosquée et la légende naïve qui se rattache à la Djama es-Zitouna : « une église [1] s'élevait à l'emplacement même du minaret actuel, et un moine nommé Tarchich y avait sa cellule. Les bandes de partisans venaient camper tout à côté, et ils s'adoucissaient aux récits du moine. Ils disaient : ce moine nous apprivoise (*tou'nis*) si bien que le nom de Tunis resta à la localité [2]. » Voilà encore un exemple de l'habitude des Arabes de chercher par des analogies de mots (on pourrait même dire par des calembours) l'étymologie des mots dont ils ignoraient l'origine, nous avons autrefois, M. Cagnat et moi, rapporté l'étymologie supposée du nom de Sousse (*Voyage en Tunisie* par M. R. Cagnat et Saladin, dans le *Tour du monde*) et les Sfaxiens attribuent le nom de leur ville à la quantité de concombres (*sfakous*) qu'on y cultivait jadis, sans se reporter au nom ancien de la ville, Sfakès.

Dévastée comme toutes les autres villes de l'Afrique par les Vandales vers 430 de notre ère, elle partagea avec Carthage le rôle de capitale de l'empire éphémère fondé par Genséric, mais en 535 Bélisaire dans une rapide campagne ramenait l'Afrique sous le sceptre du basileus et Tunis, comme Carthage, devenait byzantine. Cent ans après à peine, Amr-ibn-el-Aas, le conquérant arabe de l'Egypte formait une armée pour s'emparer de l'Afrique du nord et occupait la Tripolitanie, Abdallah-ibn-Saad poussait ses troupes jusqu'à Africa (la Mahdia actuelle, ville de la côte tunisienne située entre Monastir et Sfax) les expéditions successives d'Abdallah-ibn-Zobeïr et d'Okba-ben-Nâfi remplaçaient partout la domination byzantine par celle des musulmans ; enfin Hassan-ben-Nooman, en 69 de l'hégire et sous le khalifat d'Abdel Malik-ibn-Merouân s'emparait de Carthage et terminait ainsi la conquête de l'Afrique. Carthage détruite et pillée, il embellissait de ses dépouilles non seulement Tunis, mais même Kairouan dont à mon avis une grande partie des colonnes, bases et chapiteaux de la grande mosquée proviennent de la vieille capitale de l'Afrique [3]. A partir de ce moment l'occupation arabe devient définitive et peu à peu disparaissent à la fois le christianisme et la culture romaine :

[1] On a trouvé en effet en faisant les fondations de ce minaret, reconstruit récemment, un linteau décoré d'un chrisme, ce qui donne une grande probabilité à cette légende. Une autre légende dit que cette église était consacrée à sainte Olive, d'où par tradition le nom de la Djama Zitouna, ou de l'Olivier.

[2] Kitab el Istibcar. *Recueil de Constantine*, 1899.

[3] Cf. *Monographie de Sidi Okba de Kairouan*, par H. Saladin. Leroux, 1903. — J'y ai indiqué les preuves du fait que j'avance ici.

l'islamisme règne en maître sur l'Afrique. Jusqu'à la fin du VIIIe siècle de notre ère les khalifes avaient gouverné directement l'Afrique en y envoyant des émirs ; le dernier de ceux-ci, Ibrahim-ibn-el-Aglab nommé par Haroun-al-Rachid, comme gouverneur, se proclame en 184 de l'hégire (800 de l'ère chrétienne) maître absolu et indépendant à Kairouan

Cliché Neurdein.

La Mosquée Zitouna et le nouveau Minaret.

dont il fait sa capitale, et c'est à partir de ce moment que l'Afrique musulmane peut être considérée comme séparée en fait du khalifat d'Orient, malgré les liens très faibles de vassalité qui la relièrent d'une façon intermittente aux souverains de Bagdad.

En 281 de l'hégire (894 de notre ère) Abou-Ishak transférait la capitale du royaume aglabite à Tunis et y construisait un palais royal. C'est donc à partir de cette date que Tunis peut être rangée au nombre des villes capitales des royaumes musulmans. La dynastie aglabite fut détrônée vers 296 de l'hégire (908 de J.-C.) par Abou-Mohammed-Obeid-

Allah, fondateur de la dynastie fatimite qui établit sa capitale à Mahdia, l'ancienne Africa, qu'il reconstruisit en entier et sur un plan plus grandiose; mais en 362 de l'hégire (972 de J.-C.), Djoher, général du calife

Cliché Garrigues.

Minaret de la Mosquée-el-Ksar, fondée par Hassan-ben-Nooman.

fatimite El-Moëz-ledin-illah conquérait l'Egypte et y fondait une nouvelle ville qu'il appelait Kahira (le Caire) à côté des villes bâties par Amrou et Ahmed-ibn-Touloun; les fatimites en faisaient leur capitale, et ne laissaient en Tunisie qu'un vice-roi.

Le premier de ceux-ci, Youssouf-aboul-Foutouh-el-Sanhadji, fonda à Tunis la dynastie des Zeirites, dont le dernier souverain Hassan, vaincu par les Normands de Sicile qui lui avaient pris Djerba, Sfax, Mahdia, Monastir et Sousse vint solliciter le secours d'Abd-el-Moumen, le fondateur de la dynastie marocaine des Almohades. Celui-ci, à la tête d'une

Cliché Saladin.

Minaret de la Mosquée de la Kasba.

armée considérable s'empara successivement de Tunis, de Sfax, de Gabès, de Tripoli, et enfin, en l'année 555 de l'hégire (1160 de J.-C.) de la place très forte de Mahdia où les Normands de Sicile avaient tenu avec une opiniâtreté remarquable pendant près d'une année.

Abd-el-Moumen, loin de rendre alors la Tunisie au prince dépossédé, la réunit à son empire et ce furent des gouverneurs envoyés du Maroc qui eurent à gérer pour ainsi dire le pays pour le compte du Sultan Almohades. Cette période toute de vexations, d'oppression, de spoliations dura jusqu'au commencement du XIIIe siècle de notre ère, où les Almohades furent chassés de Tunisie par les Almoravides d'Ali-ben-Ishak. Reconquise par Abou-abd-allah-Mohammed fils d'El Mansour, elle reçut comme gouverneur Abd-el-Ouahed-Abou-Hafs en 603 de l'hégire (1206 de J.-C.) dont les descendants régnèrent sur Tunis sous le nom de Hafsides.

Cliché Saladin.
Entrée de la Méda (Salle des ablutions) de la Djama Zitouna.

Les successeurs de ce gouverneur et ses descendants, se rendirent rapidement assez puissants pour chercher à se rendre indépendants, et le premier d'entre eux, qui s'éleva au rang suprême fut Abou-Abdallah-Mohammed-el-Mostancer-billah sous le règne duquel (en 669 de l'hégire, 1270 de J.-C.) le roi de France saint Louis vint à la tête d'une armée nombreuse, prendre Carthage et assiéger Tunis. Mais la mort du roi de France suivie d'un traité de paix et du départ des croisés, laissait les Hafsides paisibles possesseurs de leur royaume. Et c'est cette dynastie qui vit s'embellir et s'agrandir Tunis, et devenir une des plus belles villes de l'Islam. Nombreux sont encore à Tunis les édifices, mosquées ou medersas, construits sous leur règne.

Ils agrandirent la grande mosquée ou mosquée Zitouna à plusieurs reprises. La grande mosquée de la Kasba et son beau minaret furent élevés par Abou-Zakaria de 1231 à 1235 de notre ère. Leurs palais furent célèbres, celui d'Abou Fehr (à l'Ariana près de Tunis) par exemple, dont on a retrouvé tout dernièrement les vestiges. Ce palais comprenait des pavillons d'habitation, entourés de jardins avec de grandes pièces d'eau qui reflétaient les ombrages des pins et des cyprès et des kiosques merveilleux ornés de marbres et de faïences, aux plafonds de bois sculptés, dorés et peints et où des jets d'eau entretenaient une éternelle fraîcheur.

Au commencement du XVIe siècle, le dernier souverain Hafside,

Moulay-Hassan, fit étrangler tous ses frères, en montant sur le trône ; le plus jeune Réchid cependant échappa au massacre, s'enfuit à Alger et se réfugia sous la protection du célèbre Khaïr-ed-dine, un des fameux

Cliché Neurdein.

Tombeau de Mrad-bey et Minaret de la Mosquée d'Hamouda Pacha.

frères Barberousse qui, comme on le sait, s'étaient déclarés vassaux de la Sublime Porte dès qu'ils avaient pu s'emparer du pouvoir à Alger. Ce protecteur était bien mal choisi par Réchid, car il en profita pour tenter la conquête de Tunis, en son nom personnel et avec l'appui de la flotte ottomane. Moulay-Hassan chassé de Tunis par Barberousse se décide à demander l'aide du puissant empereur d'Occident, Charles-Quint, et réussit à l'obtenir.

Cette campagne de Charles-Quint contre Tunis, qu'ont immortalisée non seulement les historiens, mais encore les artistes (car au Palais Royal de Madrid sont conservées les merveilleuses tapisseries qui en représentent les principaux épisodes) débuta par deux succès, la prise de la Goulette et celle de Tunis; cette dernière ville fut abominablement pillée et des trésors d'art et de science impitoyablement détruits, les palais incendiés, les manuscrits précieux brûlés ou jetés à la voirie, la grande mosquée souillée par les chevaux de la cavalerie espagnole, et c'est à cette dévastation barbare que nous devons certainement la disparition de bien des chefs-d'œuvre de l'art arabe à Tunis. Deux ans plus tard, en 1537, Sousse était soumise; en 1539, André Doria s'emparait de Sfax, de Sousse, de Monastir, après avoir réduit à la suite d'un siège difficile l'inexpugnable Mahdia.

La Tunisie semblait destinée à une occupation définitive par les chrétiens, malgré des retours offensifs et souvent couronnés de succès où les musulmans réussissaient à expulser momentanément les nouveaux conquérants; mais les dernières victoires de don Juan d'Autriche qui était parvenu à reprendre Tunis, Bizerte, à renforcer les garnisons espagnoles des villes de la côte, finirent par porter ombrage au sultan Sélim II, le fils du grand Soliman; le célèbre Sinan Pacha, à la tête d'une flotte formidable, conduite par Kilidj-ali, l'ancien dey d'Alger, se présenta devant les côtes de Tunisie, reprit Tunis d'abord, après avoir bloqué la Goulette, qui fut définitivement reprise aux Espagnols en 1573. La chute de cette forteresse consacrait la conquête définitive de la Tunisie par les Turcs. Ceux-ci y établirent un gouvernement analogue à celui de la régence d'Alger : un conseil de gouvernement composé de chefs militaires administrant le pays sous l'autorité suprême d'un pacha investi par le grand seigneur et qui prit le nom et le titre de bey. Cette organisation ne manqua pas de présenter tous les inconvénients inhérents à sa constitution, révolutions militaires, émeutes, et de cet état un peu anarchique, seuls les beys énergiques comme Mourad-Bey Ier surent tirer un peu d'ordre et de prospérité. A ce moment, malgré les vices de cette administration despotique et arbitraire, Tunis voyait sa richesse s'accroître d'une façon extraordinaire, tant par le grand commerce qui se faisait entre la Tunisie, l'Algérie, la Tripolitaine, l'Egypte, l'Asie Mineure et le centre de l'Afrique, et aussi avec les pays européens, que par la guerre de course que les hardis marins barbaresques entretenaient contre tous les pays chrétiens de la Méditerranée. C'est de cette époque que datent les plus beaux monuments de la Tunis arabe. Mais comme les beys étaient nommés par le Diwan, conseil de gouvernement composé des chefs de la milice turque, leur existence était subordonnée non seulement au caractère électif de leur nomination, mais encore à une foule de révolutions intérieures suivies de morts violentes ; combien, en effet, de

Cliché Neurdein.

L'avenue de la Marine et l'ancienne Cathédrale.

ces beys n'ont-ils pas succédé à celui qu'ils venaient de voir, et peut-être de faire mettre à mort? Aussi, vers 1650, une réaction se produisit-elle pour enlever aux milices le droit à l'élection et aux révolutions de palais. Deux frères, Ali et Mohammed-Bey s'emparent du pouvoir, organisent une armée dévouée et rendent héréditaire le trône dans leur famille. Leurs descendants se succédèrent jusqu'en 1706 où Hassan-bey, fils d'Ali-el-Turki détrôna Ibrahim ech-Chérif, et fonda la dynastie Husseïnite qui règne encore de nos jours à Tunis. Son règne fut très prospère, mais se termina par une suite de désastres et il périt enfin assassiné. Un des règnes les plus heureux fut celui d'Hamouda Pacha, sous le règne duquel fut élevée sa mosquée éponyme dont le gracieux minaret, le plus élégant de tous ceux de Tunis, s'élève encore à l'angle des rues de la Kasba et de Sidi ben Arouz. Sous les princes de la dynastie husseïnite, la Tunisie et Tunis surtout, jouirent d'une grande prospérité et la capitale s'enrichit de palais et de monuments remarquables. Cette prospérité ne commença guère à décliner que vers le commencement du XIXe siècle par suite du peu de fermeté des souverains, de la toute-puissance de leurs favoris et d'une indolence administrative telle que toutes les ressources de la Régence furent successivement compromises en même temps que son commerce et son agriculture déclinaient de plus en plus. Quelques ministres d'une intelligence remarquable, tels que le fameux Khéreddine essayèrent d'enrayer cette décadence, mais leurs efforts furent vains. Un seul remède s'imposait, héroïque il est vrai, le protectorat. Le bey Sadok le comprit, et c'est du jour où il remit entre des mains françaises l'administration de ses finances et la direction des principaux services de la Régence, que la Tunisie a réparé ses pertes et retrouve peu à peu les éléments de son ancienne prospérité. Les routes, les ports, les chemins de fer facilitent la renaissance de son commerce. Ses finances prospères lui donnent un crédit égal à celui des Etats les plus riches, la sécurité a ranimé partout le commerce et l'agriculture et peu à peu les contrées incultes qui formaient en grande partie les terrains de parcours des tribus nomades, sont rendues à la culture des céréales, de la vigne, de l'olivier. Tunis elle-même, en attirant les capitaux français par sa situation merveilleuse et son port, s'accroît tous les jours de quartiers nouveaux. La ville arabe est respectée, centre d'une vie indigène remarquablement intense au point de vue commercial, elle ne peut que conserver son aspect, puisque sa population indigène devenue plus prospère et plus riche par la sécurité des transactions, ne peut que s'augmenter peu à peu. C'est d'elle seule que nous nous occuperons ici, car c'est elle qui est la ville d'art. La ville européenne est trop jeune encore pour qu'on puisse y chercher le charme que les siècles ont laissé sur ce qu'ils ont consacré, mais qui sait, peut-être un jour viendra où les Tunisois après avoir sacrifié comme ils le font jusqu'ici, aux nécessités de la vie réelle, par des constructions plus utilitaires que réellement belles, songeront enfin à demander à l'art cette parure qui seule consacre pour toujours les œuvres humaines.

Cliché Neurdein.

Ancien débarcadère et fort de la Goulette.

CHAPITRE II

DESCRIPTION GÉNÉRALE DE TUNIS

Autrefois, avant que le port de Tunis ne fût creusé et que le long chenal qui traverse la Bahira pour arriver jusqu'à la lagune de la Goulette ne rejoignît la mer, l'arrivée à Tunis était fort compliquée. Il fallait d'abord débarquer à la Goulette après avoir longé la côte et aperçu tour à tour Sidi-bou-Saïd avec ses nombreuses petites maisons blanches qui s'étagent sur les pentes rapides de la colline, puis Carthage dominée par la cathédrale qu'y fit construire le cardinal Lavigerie, Carthage dont les ruines à peine visibles alors commencent à être dégagées peu à peu par les fouilles patientes du P. Delattre et du service des antiquités de la Régence, puis Dermèche, Douar-ech-chott, les deux lagunes où l'on croit reconnaître les ports antiques de Carthage, le palais de Khéreddine et la silhouette de la Goulette, l'escale de Tunis, dont les minarets, le clocher et les maisons blanches qui s'élèvent sur une longue ligne d'eau miroitante ne sont pas sans rappeler les aspects si classiques des petites îles voisines de Venise. On prenait ensuite le chemin de fer Rubattino qui longeant le lac de Tunis vous débarquait en plein quartier européen.

Maintenant l'arrivée moins accidentée est bien plus intéressante, car de loin la ville arabe s'aperçoit. Au-dessus du quartier informe du port et de la ville européenne aux maisons un peu monotones de régularité, on voit s'étager les quartiers arabes dominés par la Kasba, le Dar-el-bey et les minarets les plus élevés des mosquées. C'est toujours Tunis la blanche, qui apparaît rose et blanche aux rayons du soleil levant, sous un ciel d'un bleu tendre, transparent et légèrement verdâtre, presque sans nuages et d'un éclat plein de charme.

Cliché Neurdein.

Jeune fille nomade.

La ville nouvelle s'étend presque jusqu'au port, et s'étale surtout vers la droite pour rejoindre la colline du Belvédère qui sera bientôt peuplée de charmantes villas.

Le port qui est de création récente est déjà trop étroit pour le commerce très actif qui s'y fait; on l'agrandit, on l'agrandira encore et dans quelques années il aura atteint une importance considérable.

La ville européenne compte déjà plusieurs monuments, la Résidence, l'hôtel de ville, le Palais de Justice, celui des administrations militaires, le Casino-théâtre, une cathédrale inachevée et l'hôtel des Postes que j'ai construit en 1893.

Mais nous n'avons pas à décrire une ville européenne, nouvelle, et ses rues bordées de grandes maisons régulières dont plusieurs sont fort belles, cela ne présenterait rien de bien inédit à nos lecteurs.

C'est la ville arabe qui nous attire. Respectée jusqu'ici par une administration remarquablement intelligente qui a compris qu'il fallait en conserver autant que possible le caractère, la Tunis arabe a gardé ses rues étroites et tortueuses, ses impasses sombres, ses lourdes arcades qui semblent épauler les maisons qui les bordent, ses demeures aux rares fenêtres grillées, aux portes singulièrement ornées d'arabesques formées par des têtes de clous, et d'énormes heurtoirs, ses carrefours abrités d'auvents ou même de couvertures en planches, et ses coins intimes où la

Cliché Garrigues.

Une famille juive dans le Harâ ou quartier juif.

verdure d'un arbre met une ombre fraîche sur des murs éclatants de blancheur.

Les Européens y sont rares, les indigènes musulmans ou juifs, hommes et femmes, y circulent avec animation, avec leurs costumes variés, depuis celui du juif tunisien à moitié européanisé, jusqu'à celui du nomade de l'intérieur ou des oasis du sud extrême qui ont l'un et l'autre gardé toute leur originalité. Le quartier le plus intéressant par sa vie intense et son caractère, est celui des souks qui s'étend de la Kasba à la grande mosquée, et de Sidi Mahrez à la rue du Trésor. Nous y reviendrons plus loin dans un chapitre qui lui sera consacré.

La ville indigène se compose de deux parties, la ville proprement dite ou *Médina* et les faubourgs ou *Ribat*. La *Médina* est comprise dans l'ancienne enceinte, autrefois tracée par les Aglabites et plus tard réparée et agrandie par les Hafsides. Elle est habitée surtout par la haute bourgeoisie, les fonctionnaires, le clergé indigène. Un quartier séparé ou *Harâ* était autrefois exclusivement consacré aux juifs, tenus à l'écart de la société musulmane actuellement encore comme jadis. Maintenant pour éviter cette sorte de séquestration, la population juive aisée quitte peu à

Cliché Garrigues.

Jeunes Juives de Tunis.

peu ce vieux quartier et vient de plus en plus habiter les maisons du quartier européen.

On a vanté beaucoup, et peut-être un peu trop, la beauté des femmes juives de Tunis. Autrefois le costume indigène, (un peu bizarre peut-être, parce que sans jupes) donnait, il est vrai, un ragout très piquant à leur beauté, et ces costumes brillants, vus dans ces cours pittoresques des vieilles maisons du Hara ne laissaient pas de former des tableaux pleins de couleur et d'imprévu.

Maintenant il n'y a plus guère que dans les familles juives qui gardent fidèlement les traditions locales, qu'on revoit encore ces pantalons aux jambières collantes brodées d'or et d'argent, ces blouses courtes aux couleurs vert pistache, bleu de ciel, rose tendre, jaune abricot, violet lilas, ces ceintures de soie, ces hauts bonnets pointus en velours brodé d'or semblables à nos hennins du moyen âge, qui étaient si jolis à voir sur les jeunes filles et les jeunes femmes, mais qui donnaient un aspect si singulier aux robustes matrones dont l'embonpoint un peu exagéré était cependant une beauté très appréciée par leurs compatriotes.

Maintenant plus européanisées encore que leurs frères, leurs maris et leurs pères, les juives de Tunis s'habillent à la française aussi souvent

Cliché Garrigues.

Porte d'une maison de la Médina.

qu'elles le peuvent, et celles qui sont réellement belles ne perdent pas à ce changement de costume, au contraire.

Je ne parlerai guère des femmes arabes, car on ne les voit passer dans la rue que voilées et quelque bien reçu que j'aie été chez mes amis arabes, je n'aurais jamais été admis à voir la partie féminine de leur famille ; mais quelques femmes de fonctionnaires ont été reçues dans des familles arabes et ont pu voir que si quelques-unes de ces dames sont d'une beauté singulière, elles ont un type qui diffère si peu du type des

Italiennes ou des Espagnoles que si, au lieu de leur costume indigène, moins singulier et bien plus seyant que le costume des juives, elles s'habillaient à l'européenne, elles se distingueraient peu des élégantes de la société européenne de Tunis.

Les femmes arabes vivent d'ailleurs beaucoup moins cloîtrées qu'on ne le pense généralement, elles circulent partout, hermétiquement voilées, il est vrai, mais peut-être bien autant par coquetterie, et pour protéger leur teint, que pour échapper aux regards des hommes.

Cliché Garrigues.

Dame Tunisienne en tenue de promenade.

Leur costume, je l'ai dit, est assez gracieux, une robe, ou *fouta*, en soie, à rayures est faite d'une étoffe serrée à la ceinture, mais ajustée seulement, et non pas cousue, une veste (c'est le boléro espagnol qui est vraiment une tradition arabe) s'ouvre sur une chemisette en soie claire ou en gaze, un bonnet pointu en velours brodé qu'un voile très transparent couvre en partie, voilà le costume élégant qui, plus ou moins riche, est celui des dames tunisiennes.

Les hommes, avec les culottes courtes un peu bouffantes, des bas bien tirés, des babouches, une veste qui plus ou moins richement brodée à l'encolure et aux manches s'ouvre sur un gilet de même étoffe, portent une djebba ou gandoura, ample vêtement en drap léger, ou encore un haïk, grande et longue pièce d'étoffe blanche de laine très légère rayée de soie ou même toute en soie, dans laquelle ils se drapent avec une suprême élégance. Une troisième pièce du costume est le burnous, en laine blanche plus ou moins fine suivant le luxe qu'on veut y mettre.

Tous ces éléments du costume arabe, sont, ou bien unis, ou bien séparés suivant les ressources, la fantaisie du moment ou les circonstances, et le turban plus ou moins volumineux et plus ou moins savamment disposé, indique aussi le rang de celui qui le porte.

Je me rappelle un véritable chef-d'œuvre du genre, c'est celui d'un des muftis de la grande mosquée, admirablement drapé de la mousseline blanche la plus légère qu'on puisse concevoir et disposé avec une correction telle qu'on aurait pu le comparer très justement à un admirable turban sculpté du marbre le plus fin.

Cliché Garrigues.

Tenue de ville d'une femme Arabe de condition moyenne.

C'est pendant les fêtes indigènes qu'il est intéressant de circuler au milieu de la foule, dans le quartier Halfaouine, sur la place qui s'étend devant la mosquée du Saheb-et-Taba, dont tout le soubassement a été construit en pierres d'appareil régulier provenant toutes de la démolition des monuments de Carthage[1]. C'est à travers une suite de boutiques en plein air, de cafés, de jeux divers, balançoires, chevaux de bois, etc., que circulent les femmes voilées avec leurs enfants habillés de couleurs admirablement assorties, les graves musulmans, les jeunes gens aux gandouras roses, vertes, violettes. De toute cette foule dont la gaîté reste calme et digne, se dégage une harmonie de tons d'une discrétion et d'un charme qui montrent combien le goût et la distinction dans l'assemblage et la juxtaposition des couleurs est resté un sentiment vivace, ici, comme dans tout l'Orient musulman. On ne peut que regretter de penser que dans un temps plus ou moins éloigné, ces traditions se perdront au contact de la civilisation occidentale.

La Médina, ou ville proprement dite, était autrefois enserrée dans une

[1] On y voit encore les trous de louve qui servaient au levage des matériaux. Carthage a été la carrière dont Tunis a tiré tous les matériaux dont elle est bâtie ; son enceinte fortifiée, construite au XVIIe siècle par un ingénieur hollandais, est entièrement faite de pierres arrachées aux monuments de Carthage.

enceinte de murs épais en pisé dont les parties les plus anciennes ont été construites sous l'Aglabite Ziadet-Allah, et dont une porte qui date du XIIIe siècle de notre ère, et remonte par conséquent à la réfection de cette enceinte par Ouathec-abou-Zakaria, existe encore, c'est Bab-Djedid.

Cliché Garrigues.

Bab-Djedid

la porte neuve, ainsi nommée parce qu'elle contrastait alors avec la vétusté du mur dans lequel on l'avait percée. Ce mur, épais de près de cinq mètres, est construit en *tabia* ou pisé ; sa masse énorme défiait les coups des béliers, les projectiles des mangonneaux et les travaux des mineurs. La vieille porte dresse encore sa masse sauvage, en façade sur le boulevard. Ses pierres sont ravagées par le temps et roussies par le soleil, ses voûtes sont en partie effondrées, et ses lourds vantaux bardés de fer et revêtus de clous énormes ne roulent plus depuis longtemps sur leurs gonds rouillés ; des boutiques misérables occupent l'emplacement des corps de garde où se tenaient les soldats des sultans hafsides ; sur son pavé inégal, ce ne sont plus les brillantes cavalcades d'autrefois qui passent où des guerriers couverts de cottes de mailles, montés sur des chevaux caparaçonnés, caracolaient sous ses voûtes sonores ; ce sont les *arabas* ou voitures indigènes, sortes de haquets rouges, ce sont les bourricots chargés de charbon, de pierres, de broussailles, ou d'énormes outres gonflées d'huile, ce sont les artisans, les gens du faubourg, les paysans, qui par là pénètrent dans la ville. Les ruelles qui y aboutissent sont tortueuses et pittoresques, parfois recouvertes de voûtes en briques crépies d'un enduit à la chaux si épais qu'il forme presque des stalactites aux endroits où les briques irrégulièrement placées dépassent l'alignement, parfois entièrement abritées du jour par de larges auvents en planches que le temps a noircies et au travers desquelles un rayon de soleil vient éclairer les petites boutiques où se tiennent dans l'ombre, les marchands.

Cliché Garrigues.

Porteur d'eau ou Guerbadji.

C'est en dehors de cette porte, en montant vers le collège Alaouï par la place des moutons, ou en contournant la mosquée el Houa que l'on arrive vers un des points culminants de Tunis. C'est là que se trouvait une petite maison arabe où j'ai demeuré autrefois et du haut de laquelle j'ai souvent, le soir, contemplé l'admirable panorama de Tunis. A la lumière si douce de la lune, on reconnaît les masses des principaux monuments qui dominent Tunis, et leur silhouette est rendue plus visible encore par l'illumination qui en temps de Ramadan éclaire tous les soirs les minarets des nombreuses mosquées de la ville. D'autres lueurs brillent de tous côtés, et jusqu'aux limites de la vue à droite on aperçoit la mosquée de Sidi-bel-Hassen, où sont enterrées les femmes des beys et dont la silhouette accidentée se découpe en lignes de feu à l'horizon. En revenant vers la gauche, c'est la ville européenne qui se devine à une lueur confuse, puis tous les minarets de la ville arabe, ceux des petites mosquées, celui de la mosquée de la rue des Teinturiers, celui de la Djama Zitouna ou grande mosquée dont les deux dômes sont illuminés, celui de la mosquée de Sidi ben Arouz si élégant, celui de Sidi Youssef, le Dar-

Cliché Neurdein.

Panorama de Tunis.

el-bey, le minaret de la mosquée de la Kasba et au loin à gauche le grand dôme de Sidi Mahrez épaulé par de grandes demi-coupoles.

Au lever du jour, le spectacle est tout autre ; le ciel est d'une légèreté de tons et d'une douceur exquise, rose à l'horizon, il est partout ailleurs d'un bleu verdâtre qui se fonce insensiblement à mesure que le regard monte vers le Zénith.

Les ombres projetées sont à peine visibles et l'air est si limpide que le regard s'étend jusqu'aux limites de l'horizon sans perdre aucun détail du paysage.

C'est d'abord au loin, vers le sud, le Djebel Zaghouan dont la masse rose se remarque comme si elle émergeait brusquement du sol, avec son dessin aux âpres contours, puis un peu plus vers la gauche, le Djebel bou Korneïn, la montagne aux deux cornes, dont les deux pointes se découpent sur le ciel et sur une des cimes duquel se dressait autrefois un temple consacré au culte de Baal-Saturne, puis le Djebel Ressas ou montagne de plomb, dont la teinte sombre forme une tache sur la silhouette bleuâtre des collines qui, par une pente insensible, vont rejoindre au loin la ligne indécise des montagnes formant l'arête principale de la presqu'île du cap Bon.

Le golfe de Tunis et le lac scintillent sous les premiers feux du jour, et c'est à peine si l'on distingue au loin la fine lagune sur laquelle

Cliché Garrigues.

Cathédrale de Carthage.

se profile la silhouette de la Goulette et qui, comme d'un trait presque imperceptible sépare la mer et le golfe de Tunis du lac de Tunis proprement dit ou Bahira, puis le sol se relève peu à peu, ce sont les premières pentes des collines sur lesquelles fut bâtie Carthage, et que surmonte l'antique Byrsa, citadelle de Didon, dernier refuge des défenseurs de Carthage, et où s'élèvent maintenant la cathédrale, le monument de saint Louis et le couvent des Pères blancs. Cette ligne remonte peu à peu, et ce sont les innombrables terrasses de Sidi bou Saïd que l'on entrevoit à peine, éclairées par les premiers rayons du jour, et la forme indécise des collines qui ferment la vue sur la Marsa, l'Ariana et rejoignent Tunis par le nouveau jardin public ou Belvédère. Derrière ces faibles reliefs, c'est l'embouchure de la Medjerda, l'antique Bagradas, et Bou-Chateur dont les marécages recouvrent les ruines d'Utique.

A un plan plus rapproché de nous se déroule toute la ville de Tunis, étendue à nos pieds comme un immense manteau blanc, suivant une comparaison aimée des Arabes. La ville nous apparaît nettement avec ses innombrables terrasses bordées de tuiles émaillées en vert, les dômes blancs des Coubbas, les dômes verts des tombeaux des beys, les minarets carrés dominés par un petit pavillon carré aussi, couvert d'un toit pyramidal en tuiles vertes, les minarets octogonaux, avec leur galerie abritée par un auvent saillant et leur toiture pointue que couronnent

Cliché Garrigues.

La mosquée de Sidi-Mahrez et le quartier de Bab-Souika.

trois boules dorées surmontées d'un croissant. Les premiers sont les minarets des mosquées malékites, c'est le rite suivi par les indigènes, les seconds sont les minarets des mosquées hanéfites, rite suivi par la famille beylicale et les descendants des Turcs osmanlis qui habitent encore Tunis.

Vers la droite, on aperçoit au loin les cimetières de Sidi-Abdallah et de Sidi-bel-Hassen.

La vieille ville arabe se dessine entourée d'un boulevard planté de beaux arbres qui suit l'ancienne enceinte médiévale. Elle domine de ses maisons élevées les faubourgs aux maisons basses et pressées le long des rues étroites ou couvertes. Le faubourg où nous nous trouvons est le faubourg de Bab-Zira. Celui qui est diamétralement opposé et dont on devine les masses au delà de la ville est le faubourg de Bab-Souika ou de la porte des Souks, que nous indique clairement la silhouette caractéristique de la mosquée de Sidi Mahrez avec ses coupoles arrondies sur lesquelles s'abattent des tourbillons de pigeons gris et blancs.

Plus près de nous, les dômes de la grande mosquée (une des plus anciennes de Tunis), son énorme minaret reconstruit il y a quelques années par deux architectes indigènes, Si Sliman-Ennigro et Si Tahar-ben-Saber, les minarets élancés de la mosquée d'Hamouda Pacha (dite de Sidi ben Arouz) celui de Sidi Youssef, le Dar-el-bey, palais du Gouvernement et la masse imposante de la Kasba, ancienne citadelle des souverains de Tunis que domine encore le beau minaret qu'Abou-Zakaria y fit construire au XIIIe siècle.

Ce tableau est d'une harmonie claire et distincte, où vibrent la blancheur des maisons, l'azur du ciel, la teinte miroitante de la mer lointaine et cette buée rose et violacée qui colore les ombres transparentes et leur donne un si grand charme au moment où le jour se lève à peine et où les rayons de l'aurore commencent à dissiper les premières brumes du matin.

Cliché Saladin.

Tombeau dans le Cimetière de Sidi-bel-Hassen.

Cliché Neurdein.

Bab-Menara.

CHAPITRE III

LA VIE INDIGÈNE. — LES MAISONS, LES PALAIS, LES MOSQUÉES

Malgré les vingt-cinq années qui se sont écoulés depuis l'établissement du Protectorat, l'aspect de la ville indigène et de ses faubourgs n'a pas changé. L'intervention de l'administration nouvelle s'est bornée à l'assainissement des rues, et à une surveillance attentive de l'observation de toutes les prescriptions de l'hygiène urbaine. L'eau a été généreusement distribuée partout, mais pourquoi s'être contenté de simples bornes fontaines ? Il est vrai qu'on n'était, administrativement parlant, tenu que de fournir l'eau aux habitants. Il me semble pourtant que sur certaines petites places, on aurait pu, en disposant le robinet de puisage au fond d'une niche décorée de faïences indigènes arriver, sans grande dépense à donner de l'intérêt à plus d'une fontaine, et si mes souvenirs ne me trompent pas, il y avait encore sur différents points de Tunis, au commencement de l'établissement du protectorat de ces petites fontaines

Cliché Neurdein.

Fontaine rue Souk-el-Belat.

ainsi conçues : une plaque de marbre encadrée de faïences était percée de deux ouvertures d'où sortaient ou bien des robinets de puisage, ou bien encore, détail bien caractéristique deux tétines en bronze où le passant altéré pouvait par succion étancher sa soif. Que ce dernier procédé ait été supprimé comme anti-hygiénique au premier chef et comme moyen de propagation des plus terribles maladies, je l'admets volontiers. On a très bien fait de le condamner, mais ne pouvait-on pas conserver ce caractère pittoresque à ces petites fontaines, et ne pouvait-on pas chercher à les copier ailleurs quand on avait à en installer de nouvelles ? Ces fontaines étaient alimentées ou par des norias, mues par des chameaux, ou par le transport d'eau à dos d'homme comme cela se faisait encore autrefois à Tunis. La plupart de ces fontaines étaient dues à des fondations pieuses, soit que ce fussent des beys qui les aient établies, soit encore que ce fussent de riches personnages désireux de laisser après eux une œuvre utile.

Certaines de ces fontaines avaient le double caractère de fontaines et d'abreuvoirs, telle est encore la fontaine de Bab-Alleoua, telle était la fontaine de la place Halfaouïne qui est malheureusement aujourd'hui complètement dénaturée et convertie en café.

La population indigène de Tunis qui est en général de mœurs douces et polies se divise naturellement en trois grandes catégories, les musulmans, les juifs, les chrétiens. Je ne parlerai pas ici de ces derniers qui, sauf pour les Maltais, sont presque tous de nouveaux arrivés.

Les musulmans sont les plus nombreux. Ils n'ont pas tous la même origine ; les uns, les Maures indigènes sont d'origine locale, ce sont des autochtones convertis dès la conquête arabe, d'autres sont des descendants des Maures d'Espagne qui depuis la prise de Cordoue, de Séville et de Grenade par les chrétiens se sont successivement réfugiés à Tunis. On les appelle encore fréquemment les Andalous, et les surnoms de el Kortobi (de Cordoue) et de el Garnati (de Grenade) ne sont pas rares dans cette population ; d'autres descendent des premiers conquérants, ils sont par conséquent excessivement rares puisque dès le XIe siècle de notre ère les historiens arabes disaient déjà que les descendants des familles des premiers occupants ne formaient qu'une partie infime de la population indigène, d'autres plus nombreux descendent des tribus arabes qui envahirent l'Afrique au Ve siècle de l'hégire et la dévastèrent, ce sont des nomades riches qui dès cette époque se sont fixés dans les villes, ou bien des membres des tribus nomades de l'intérieur qui successivement et pour une raison ou pour une autre sont devenus citadins. Enfin un autre élément musulman, très peu considérable comme nombre, se compose des descendants des familles turques qui depuis le XVIe siècle étaient venues se fixer en Tunisie, et où se recrutaient, la milice des beys, son état-major, la plupart des fonctionnaires beylicaux et l'entourage immédiat du souverain. Tous ces musulmans sont de rite malékite, sauf ceux qui sont d'origine turque et notamment la famille beylicale qui suivent le rite hanéfite.

La seconde catégorie est formée par la population israélite qui se chiffre par près de quarante mille âmes et se compose non seulement de juifs indigènes, mais de juifs d'origine espagnole, et même d'une colonie assez importante de juifs originaires de Livourne fixés depuis très longtemps dans le pays. A cet élément indigène ou naturalisé depuis longtemps se joignent de nombreux israélites ou d'origine orientale, ou d'origine européenne, ou d'origine marocaine ou algérienne.

Bien que les musulmans et les juifs aient toujours vécu dans une

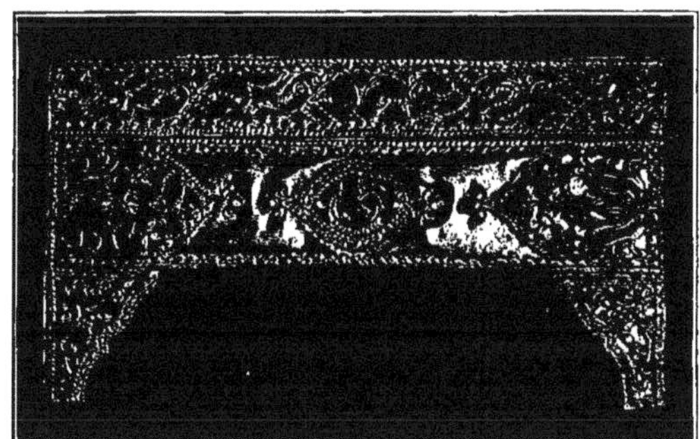

Cliché Saladin.

Coffret d'argent, travail des Orfèvres Israélites de Tunis.

demi-hostilité, il ne s'en est pas moins produit pendant longtemps un mélange des deux races. Soit que les musulmans aient fréquemment pris des juives comme concubines dont ils gardaient les enfants quand ils étaient du sexe masculin, et dont ils renvoyaient les filles à la famille de la mère, soit que des juifs chassés d'Espagne aient introduit un élément nouveau dans la population juive de Tunis, il n'en est pas moins vrai que la race juive de Tunis est loin d'être dégénérée et qu'on y trouve de beaux types d'hommes et de femmes.

Ainsi donc la population musulmane est loin de présenter un caractère uniforme analogue par exemple à celui des populations des tribus nomades de l'intérieur de la Régence. D'ailleurs une autre cause a contribué à modifier la race, c'est l'introduction de l'élément européen. Non seulement depuis les temps les plus reculés des renégats chrétiens s'étaient mélangés à la population musulmane, soldats d'aventure, convertis, ou captifs, mais pendant les longues années où les corsaires barbaresques furent les maîtres incontestés de la Méditerranée, leurs navires ne ramenaient pas seulement à Tunis des marchandises et des navires pris sur les chrétiens, ils ramenaient encore de nombreux prisonniers, les hommes enfermés dans des bagnes, formaient la chiourme de leurs navires ou bien encore étaient vendus comme esclaves aux gens de Tunis et des environs ; les femmes vendues, elles aussi, peuplaient les harems de la ville et les plus belles d'entre elles devenaient les femmes des plus riches tunisiens, quand elles n'étaient pas choisies, comme cela arriva fréquemment, pour faire partie du harem du souverain.

De ce mélange de sang européen, de sang maure, de sang arabe, est résultée une race moins fanatique, moins sauvage, moins impénétrable que l'arabe à la culture européenne. Tout en gardant leurs qualités originelles, les musulmans de Tunis ont à un très haut degré des mœurs douces et polies, une intelligence éveillée, et un sens commercial très développé ; ils possèdent avec une aptitude remarquable à l'instruction, ce sentiment qui n'appartient qu'aux citadins de longue date, l'amour du fonctionnarisme et d'excellentes dispositions pour remplir exactement les emplois qui leur sont accessibles. Enfin ils sont non seulement bons commerçants, mais artisans industrieux et ouvriers habiles, quelques-uns même, malgré la difficulté qu'ils ont à vivre de leur art, sont encore d'excellents artistes ; nous le verrons dans les pages qui suivent.

On sait que les descendants du prophète jouissent d'une considération particulière ; ce sentiment de la sainteté héréditaire est particulier à l'Islam de l'Afrique du nord, et il s'étend à la descendance des saints les plus réputés. C'est ce que l'on nomme les familles maraboutiques.

Certaines de ces familles se font, à l'ombre du tombeau de leur ancêtre vénéré des revenus souvent assez importants, car certains de ces tombeaux sont accompagnés d'une *Zaouïa*, établissement qui tient à la fois de l'hospice, de l'école, du couvent et de chapelle. Les fidèles qui ont voué une préférence particulière au culte de tel ou tel saint se réunissent à la mosquée de la Zaouïa pour y faire des prières en commun ; de là l'origine de la confrérie ou de la congrégation.

Ses membres s'y réunissent périodiquement, ceux du dehors y sont logés quand ils viennent aux réunions, c'est l'hospice, ou la maison des hôtes dans sa plus large acception, les jeunes membres y reçoivent l'instruction, c'est l'école ; d'autres y demeurent pour s'y livrer aux méditations religieuses, c'est le couvent.

Il est résulté tout naturellement de ces réunions fréquentes des mêmes personnes dans un même sanctuaire, le choix d'un rite spécial qui leur permette de se distinguer des autres, et par conséquent aussi des signes secrets de ralliement au moyen desquels les adeptes de tel ou tel marabout se reconnaissent entre eux.

Cliché C. Boulanger.

Porte de la Zaouia de Sidi-er-Rihani.

On compte un assez grand nombre de ces confréries à Tunis, ce sont surtout des sociétés d'assistance et d'aide mutuelles, souvent même elles sont presque des confréries de quartier. Aux fêtes principales de l'année, ces confréries contribuent à l'éclat des processions où elles promènent leurs bannières multicolores et produisent l'effet le plus pittoresque.

Les autres villes principales de la Régence possèdent aussi leurs confréries et leurs Zaouïas en nombre considérable, en outre des grandes confréries des Senoussias, des Khadrias, des Tidjanias, qui ont des adeptes dans tout l'Islam sunnite, d'autres confréries assez puissantes quoique exclusivement tunisiennes étendent leurs ramifications jusqu'au

Cliché Neurdein.

Rue des Andalous.

delà des chotts, dans les régions les plus désertes de la Régence, parmi les tribus nomades, et toutes les Zaouïas affiliées reçoivent la visite du chef de la confrérie, qui en est l'administrateur et est généralement un descendant du fondateur de l'ordre. Les sommes provenant de ces cotisations volontaires ou des aumônes constituent des revenus souvent assez considérables qui, bien que consacrés en partie à l'entretien des Zaouïas, aux dépenses d'administration telles que secours aux étudiants, aux hôtes de passage et entretien du petit personnel indispensable, moquaddems, muezzins et imams laissent encore à la disposition du chef de la confrérie des ressources suffisantes pour vivre très largement.

C'est là un côté assez curieux du caractère musulman, qui associe

Cliché Neurdein.

Cour de l'ancien collège Sadiki.

sans aucune hésitation aux idées religieuses, celles des profits qu'il peut tirer des biens de ce monde, et qui, comme le dieu Janus présente deux visages sur un même corps, car son âme est à la fois religieuse et mystique aussi bien que commerçante intéressée et avisée.

Ces Tunisiens de la classe élevée sont d'une grande politesse, pleins de dignité et de rapports charmants, autant que j'ai pu en juger par ceux que j'ai fréquentés pendant mes nombreux séjours à Tunis. On pourrait peut-être dire que leur manière d'être est un dernier reflet de cette urbanité, de cette délicatesse, qui, au dire des historiens arabes, faisaient le grand charme de la société andalouse au moyen âge, puisque bon nombre des grandes familles tunisiennes tirent leur origine de l'Espagne arabe, et que beaucoup d'autres se sont alliées à ces Andalous, qui depuis le XIIIe siècle de notre ère, jusqu'au commencement du XVIIe se sont successivement réfugiées à Tunis pour échapper à la domination chrétienne.

Les maisons arabes sont plus ou moins grandes, plus ou moins riches, suivant la fortune de leurs propriétaires, mais elles ont toutes la cour intérieure autour de laquelle sont disposées les pièces d'habitation et de réception. Ces dernières sont plus rapprochées de l'entrée et c'est là, seulement que sont admis les hommes. L'autre partie réservée aux femmes et aux enfants est inaccessible à tout autre homme que le père de famille et ses plus proches parents et ceux de sa femme.

Les maisons arabes intactes sont nombreuses dans la Médina et les faubourgs, les plus riches sont décorées de belles faïences, de plâtres finement sculptés où l'on retrouve toute la délicatesse du ciseau des artistes qui ont couvert d'arabesques charmantes toutes les parois de l'Alhambra, de plafonds peints dans des tons harmonieux qui rappellent les colorations des vieux cachemires. D'autres plus modestes ne possèdent que des parties décorées plus ou moins considérables, mais souvent aussi, des décorations du plus mauvais goût exécutées pendant la seconde moitié du XIXe siècle par des barbouilleurs italiens de dernier ordre, ont remplacé à certains endroits des parties ruinées, et c'est là qu'on reconnaît la malheureuse indifférence de ces musulmans tunisiens pour leur art national. Les maisons plus modestes encore n'offrent que quelques faïences, des boiseries peintes, des corniches formées de tuiles émaillées en vert; mais toutes, riches ou pauvres sont construites dans les conditions nécessaires pour que les principaux inconvénients pouvant résulter de l'excès de la chaleur en été puissent être évités.

Quelques-unes des plus belles de ces maisons sont de véritables palais. La plus remarquable assurément qu'on puisse visiter, est la subdivision militaire, hôtel du général commandant en chef la division d'occupation. C'est le palais Hussein, construit au XVIIIe siècle par un des ministres du bey régnant; je n'ai pu connaître, malgré les recherches que j'ai faites sur place, la date exacte de la construction de ce palais, qui selon moi ne peut pas remonter au delà de la seconde moitié du XVIIIe siècle.

Ce palais est dans un état de conservation remarquable, et si au moment de l'occupation l'adjoint du génie chargé d'aménager ce palais et d'y faire les réparations nécessaires n'avait pas jugé à propos de remplacer à certains endroits des faïences en mauvais état, il est vrai, mais faciles

Cliché Neurdein.

Porte d'une maison Arabe dans la Medina.

à réparer, par des enduits de plâtre peint en vert d'eau, ce palais serait encore absolument intact.

Autour d'une cour intérieure se groupent, au rez-de-chaussée, les salons de réception ; les uns sont entièrement décorés de plâtres découpés et de faïences avec des voûtes en berceau ou en arc de cloître ornées d'arabesques sculptées en creux, dans d'autres les voûtes sont remplacées par des plafonds peints, à caissons ou à solives apparentes, d'une harmonie pleine de goût. Cette cour intérieure a conservé la plus grande partie de ses faïences anciennes, dont quelques-unes sont de la plus grande beauté. Mais au premier étage une autre cour découverte autour

Cliché Neurdein.

Rue de la Medina.

de laquelle sont disposées les pièces d'habitation est plus élégante encore. Malgré l'influence caractéristique de l'art italien qui en a fourni les colonnes avec leurs bases et leurs chapiteaux, et les encadrements des portes et des fenêtres, l'ensemble en est absolument original avec sa corniche peinte, ses plafonds peints, ses murs décorés de faïences et de plâtres découpés et ses fines arcades que le ciseau des artistes tunisiens a brodées d'une dentelle délicieusement légère et élégante. Cette petite cour toute décorée de marbres et de faïences, dallée de marbre et couverte

Cliché C. Boulanger.

Maison arabe dans la Medina.

d'un grillage destiné à la défendre contre toute intrusion indiscrète possède un caractère d'intimité tout à fait charmant.

On s'imagine aisément quel devait être son aspect lorsqu'elle était remplie de jeunes femmes, vêtues de brocarts et de damas, aux coiffures pointues ornées de voiles de gaze, couvertes de bijoux et entourées de charmants enfants habillés de soieries et d'étoffes lamées d'or. Nous connaissons la splendeur de ces costumes orientaux, et par les dessins du XVIIIe siècle et par les peintures de différents artistes, entre autres de Tiepolo, et vraiment le luxe des costumes s'harmonisait admirablement avec ce délicieux palais; il n'est pas jusqu'aux turbans monumentaux, aux amples caftans garnis de fourrures, aux aigrettes de pierreries, aux armes

Cliché Neurdein.

Palais Husseïn. Grand patio du rez-de-chaussée.

luxueuses qui ne répondent par leur richesse confortable à celle de l'architecture dont on peut d'ailleurs rétablir par la pensée la décoration mobile consistant en superbes tapis posés sur les dallages de marbre, et en ces *haïtis*, ou tentures murales faites d'étoffes de velours brodées d'or et d'argent qu'on peut encore admirer à Tunis dans les maisons princières et dont une fort belle collection existe au musée du Bardo. Ce palais contient non seulement des chambres d'apparat, des salles de repos, des chambres fraîches pour l'été, mais encore des dépendances, salles de bains avec baignoires de marbre et robinets de bronze permettant de mélanger l'eau chaude et froide à son gré, tout cela date de la fondation du palais, et c'est assez curieux de voir à côté du petit *hammam*, ou bain arabe, cette salle de bains accommodée à l'européenne ; c'est un

Cliché Garrigues.

Palais Hussein. Patio du 1er étage.

indice curieux de l'influence déjà assez importante alors des mœurs européennes sur les mœurs tunisiennes, peut-être même doit-on y voir celle d'une captive européenne, devenue une des épouses du ministre et qui aurait voulu retrouver à Tunis les usages et le confort auquel elle était habituée avant d'avoir été enlevée par les corsaires barbaresques. Le confort arabe pour ne pas être le même que le nôtre, n'en est pas moins très raffiné et très bien compris pour être adapté à la vie telle qu'elle doit être organisée pour que les exigences de l'hygiène soient satisfaites d'une façon adéquate au climat. Les cours dallées de marbre reçoivent, sans les salir, les eaux pluviales et les conduisent dans des citernes souterraines où elles se conservent saines et fraîches. Les murs épais préservent de la chaleur accablante de l'été, les pavages des chambres faits de dalles de marbre ou de carreaux de faïence y conservent la fraîcheur, et des vitraux de couleur sertis dans une armature en plâtre ajouré tamisent la lumière et lui enlèvent son éclat aveuglant.

Ces installations sont complétées ici par de nombreuses pièces de service, dépendances, vastes écuries, magasins pour les provisions, loge-

Cliché Neurdein.

Porte d'un Hammam.

ments pour les esclaves ou les domestiques et même un petit jardin.

Des maisons de commerçants aisés, telles que celle de M. Ahmed-Djemal (n° 1, passage de l'artillerie), dont j'ai relevé jadis tous les détails ne sont pas moins élégantes bien que moins richement décorées. Il en est de même de la maison Lasram dont la décoration en plâtres découpés a dû être exécutée par les mêmes artistes que celle du Palais Hussein.

Quoique j'aie pu déjà visiter quelques-unes des belles maisons arabes de Tunis, je suis persuadé que je n'en connais qu'un très petit nombre et je pense que peu à peu nous pourrons connaître celles dont jusqu'ici les propriétaires se sont refusés à laisser admirer la décoration par les Européens.

Je viens de parler des bains particuliers ou *hammams*. Ces bains d'air chaud suivis de massages sont une des nécessités de la vie indigène, dont l'usage est d'ailleurs prévu et même ordonné par la loi religieuse. Il est donc nécessaire qu'il y ait de ces établissements ouverts au public, car peu de gens peuvent se payer le luxe d'un masseur particulier. On en trouve dans toutes les villes de Tunisie et même dans les villages. Voici en quoi consistent ces établissements : qu'ils soient plus

Cliché Neurdein.

La Campagne de Tunis. — Aqueduc romain et emplacement du Palais de Ras Tabia, vus de la Kasba.

ou moins considérables, ils comprennent toujours une salle où l'on se déshabille, des salles de sudation, des salles de massage, des baignoires froides et des salles de repos. C'est donc en résumé la même chose que les thermes antiques avec l'*apodyterium*, le *tepidarium*, le *laconicum* et le *frigidarium*.

Les Arabes ne prennent pas comme nous dans des baignoires des bains, qui ne seraient pour eux que de simples ablutions. Le traitement qu'on leur fait subir dans le hammam, avec la sudation, le massage et le bain froid est à la fois une mesure hygiénique et de propreté puisque par là on peut débarrasser la peau de toutes ses impuretés, et aussi un

4

stimulant général qui permet avantageusement de lutter contre les effets débilitants d'un climat très chaud. Je ne crois pas devoir en décrire ici toutes les circonstances. L'extérieur de ces bains s'accuse par des façades bariolées de couleurs criardes, et les pièces intérieures voutées ne sont généralement pas d'une décoration assez intéressante pour que j'en reproduise ici des détails.

Après avoir vu ce que sont les maisons particulières et les petits palais des personnages officiels, voyons ce qu'est le palais du souverain, le Dar-el-bey.

Cliché Saladin.

Poterie tunisienne des ateliers de Bab-el-Khadra.

Autrefois les sultans de Tunis avaient leur palais dans la Kasba. Les historiens arabes nous les décrivent en détail : « le sultan Mostancer (Ibn-Khaldoum II, p. 338) voulant procurer aux dames de son harem la facilité de se rendre du palais (situé dans la Kasba actuelle) au jardin de Ras Tabia qui touchait à l'enceinte de la ville, sans être exposées au regard du public, fit élever une double muraille depuis le palais jusqu'au jardin..... Ensuite il fit élever dans la cour de son palais le pavillon appelé Coubba-Asarak (ce dernier mot appartient à la langue des Masmondas et signifie large et vaste). Cet édifice forme un portail large et élevé dont la façade tournée vers le couchant est percée d'une porte à deux vantaux en bois artistement travaillé et dont la grandeur est telle que la force de plusieurs hommes réunis est nécessaire pour les ouvrir et les fermer. Dans chacun des deux côtés qui touchent à celui de la façade s'ouvre une porte semblable à celle que nous venons de décrire. La porte principale est ainsi du côté de l'occident et donne sur un énorme escalier d'environ cinquante marches. Cet escalier est aussi large que le portail et sa direction transversale est du nord au sud. Les deux portes s'ouvrent sur des allées qui se prolongent jusqu'au mur d'enceinte et reviennent ensuite aboutir dans la cour même. Lors de la présentation des chevaux de tribut et pendant la revue des troupes, ainsi qu'aux jours de fête, le sultan se tient donc dans ce pavillon assis sur un trône en face de la grande porte d'entrée. Ce bâtiment aussi remarquable par la beauté de son architecture que par ses vastes dimensions offre un témoignage frappant de la grandeur du prince et de la puissance de l'Empire. »

La cour de ces souverains hafsides était d'un luxe extraordinaire; el Mostancer, l'heureux adversaire de saint Louis donnait des fêtes splendides dans son palais de la Kasba et y réunissait autour de lui les artistes,

Cliché Neurdein.

Souk du Dar-el-bey.

les écrivains, les poètes, les docteurs de la loi. Ils envoyaient de magnifiques présents aux autres souverains musulmans; parmi ces présents figuraient fréquemment des armes richement ciselées, faites d'or ou d'argent, et des harnachements brodés de soie, d'argent et d'or (industrie dont la tradition est encore continuée de nos jours à Tunis par d'excellents artistes, comme nous le verrons plus loin).

Cette culture artistique était venue d'Espagne. Ibn Khaldoun le dit expressément (notices et extraits des ms. de la B. R. t. XX, p. 362) : « la plupart de ses habitants descendent d'Andalous qui s'y réfugièrent au VIIe siècle de l'hégire. » J'ai déjà plus haut parlé de ces maures andalous. A la grande révolte de Cordoue au IXe siècle de notre ère, Hachem avait expulsé la plus grande partie des Cordouans qui se réfugièrent qui au Maroc, qui en Algérie, qui en Tunisie. Vers 1280 de notre ère, Séville était conquise par les chrétiens, nouvel exode vers l'Afrique musulmane, et enfin à la prise de Grenade les Maures émigraient en masse, et jusqu'en 1610, année de l'expulsion définitive des musulmans d'Espagne, il arrivait constamment à Tunis des réfugiés andalous.

« Le fameux historien Abou Bekr-ibn-Saïd-en-Nas prévoyant que la désorganisation des Etats musulmans d'Espagne devait amener une grande catastrophe (au moment de la conquête de Séville), prit la résolution d'émigrer à Tunis et devint professeur de jurisprudence dans le collège situé auprès des bains du bel Air (Hammam el Houa) et fondé par Oum el Khalaïf, la mère du Sultan » (I. K. II, 382). C'est le même ibn Saïd qui raconte que la splendeur de Maroc semble s'être transportée à Tunis où le Sultan actuel construit des monuments, bâtit des palais, plante des jardins et des vignobles à la manière des Andalous. Tous ses architectes sont nés en Andalousie, de même que ses maçons, ses charpentiers, ses briquetiers, ses peintres et ses jardiniers. Les plans de ses édifices sont inventés par des Andalous, ou copiés sur les monuments mêmes de ce pays. (Ibn Saïd, cité par G. de Pranguy, *Essai*, p. 116.) De ce palais de la Kasbah il restait en 1883 des vestiges assez considérables, mais où l'on ne pouvait plus reconnaître aucun reste d'architecture. Ils ont disparu depuis. Il ne subsiste plus de ces palais hafsides que les ruines du palais de plaisance de Ras-tabia, ou des jardins d'Abou-Fehr à l'Ariana ; encore ces restes, fragments de substructions ou vestiges de bassins, sont-ils à peu près méconnaissables.

Le Dar-el-bey actuel est loin d'être aussi ancien. Bâti par Hamouda Pacha à la fin du XVIIIe siècle, il présente néanmoins de très belles salles aux voûtes décorées de plâtres sculptés et aux plafonds richement peints et enrichis d'une ornementation polygonale d'un fort bel effet. D'autres de ces salles possèdent de beaux plafonds peints et dorés soutenus par de larges poutres qui reposent à la mode marocaine sur des consoles à stalactites, de fort beaux lambris en plâtre sculpté et des panneaux en mosaïque de faïence. Ces mosaïques de faïence disposées suivant des entrelacs géométriques sont complètement différentes des faïences qui ornent le palais Husseïn et que nous retrouverons soit à la Manouba, soit au Bardo et qui forment des panneaux décoratifs représentant généralement des gerbes d'ornements et de fleurs sortant d'un vase, et qui participent de deux arts différents. C'est un motif persan légèrement dénaturé comme dessin et exécuté par les procédés des faïenciers italiens du XVIe et du XVIIe siècle. A mon avis ces panneaux ont dû être

Cliché Neurdein.

Dar-el-bey. Patio du 1er étage.

fabriqués à Tunis par des captifs originaires d'Italie et qui y avaient exercé le métier de potiers et d'émailleurs. Ils ont apporté à Tunis une technique absolument différente de celle des Andalous, technique reconnaissable à la couleur et à la composition des émaux employés.

Les mosaïques du Dar-el-bey sont au contraire exécutées par pièces découpées, comme les faïences de Fez et de Tétouan, analogues aux mosaïques de faïence des plus anciens monuments arabes de l'Andalousie, mais il y a encore dans cette technique une distinction à faire ; les émaux de Tétouan sont bien les émaux andalous caractérisés principalement par l'usage du jaune de fer. La tradition s'explique d'ailleurs facilement puisque Tétouan est une des villes andalouses du Maroc.

A Fez au contraire la tonalité des émaux y est différente, un jaune d'or, obtenu par le sulfure d'antimoine et un vert de cuivre clair sont avec un bleu clair très franc, à noter. Nous retrouvons ces émaux au Dar-el-bey de Tunis. Ils seraient donc, selon moi, dus à des artistes appelés du Maroc par Hamouda Pacha, comme il en fit venir probable-

Cliche Garrigues.

Plafond du Palais du Bey (Dar-el-bey).

ment aussi pour exécuter certains des plafonds de son palais qui diffèrent un peu par l'ornementation des autres plafonds dont la décoration est bien tunisienne de caractère, car on y reconnaît à la fois la tradition andalouse géométrique et l'ornementation turco-persane arrondie et fleurie inspirée très probablement des velours et des broderies d'importation turque ou persane.

D'ailleurs on connaît d'autres ouvrages d'artistes marocains plus récents encore. C'est ainsi que, comme je l'ai dit plus haut en 1290 de l'hégire (1873 de notre ère) sous le règne du bey Mohammed-es-Sadok le ministre khéreddine sachant qu'un sculpteur de Fez, Hadj Hassen el Fassi passait par Tunis pour se rendre au pèlerinage de la Mecque, le chargea d'exécuter après la mort de Mohammed-bel Kadi Younès qui l'avait commencée, la décoration de la voûte de la Zaouïa de Sidi-Bra-

Cliché Neurdein.

Dar-el-bey. Porte des grands Salons sur la cour du 1er étage.

him-er-Rihaï, lui demanda même de former quelques élèves et lui paya les leçons qu'il lui fit donner à ces jeunes artistes. Je dois ajouter à ce renseignement, que je dois au cheick Mohammed el Otsmane el Hachaïchi, conservateur de la bibliothèque de la Djama Zitouna, que quelques élèves de Hadj Hassen vivent encore et qu'en 1889 je leur fis exécuter un certain nombre de panneaux sculptés et des vitraux pour les bâtiments de la section tunisienne que j'élevais alors sur l'esplanade des Invalides[1]. Ils étaient alors au nombre de six ; je crois que deux seulement existent encore et ont peine à vivre de leur métier qu'on ne sait plus encourager par des commandes.

Je ne dois pas oublier avant de quitter le Dar-el-bey de mentionner la belle cour du premier étage avec ses arcades, ses colonnes et ses portes de marbre de couleur. Cette cour était autrefois entourée d'une fort belle corniche en bois peint et sculpté que Pascal Coste dessina autrefois lorsqu'il passa à Tunis vers 1835 (l'aquarelle originale appartient à M. Revoil, ambassadeur de France à Madrid et autrefois résident adjoint à Tunis).

Malheureusement, l'intérieur de ce palais, comme celui de Bardo et de Kassar Saïd, est complètement dénaturé par un mobilier du goût le plus désastreux et des tentures du style Louis-Philippe le plus attristant. Cela me rappelle les descriptions où dans « le Nabab » Alphonse Daudet a retracées d'une façon si cruelle et si exacte ces intérieurs de palais de princes musulmans où se déversait le trop-plein des boutiques du faubourg Saint-Antoine, et où des mercantis sans conscience faisaient des fortunes scandaleuses aux dépens de leurs naïfs clients. A coup sûr, il avait pris ses modèles dans les palais beylicaux où s'alignent encore sur des consoles identiques des pendules semblables qui marquent des heures différentes et où des boules de verre étamé reflètent les horribles meubles européens dont on a meublé les salles de réception et les chambres d'apparat.

Je ne puis guère parler des mosquées que d'après leur silhouette extérieure. La plus ancienne est la mosquée el Ksar, dont le minaret a été refait en 950. H. (1545 de J.-C.) aux frais et par ordre de el Hadj Mohamed Pacha. Vient ensuite la plus grande mosquée de Tunis, la Djama Zitouna dont le minaret restauré autrefois par le bey Mourad a été récemment reconstruit[2] par deux architectes tunisiens, Si Sliman Ennigro et Si Tahar ben Saber, qui ont fait là preuve d'un grand talent. Si Sliman Ennigro est mort il y a quelques années ainsi que Si Tahar. Je parlerai plus loin de ces architectes tunisiens qui sont loin de manquer de mérite et à qui l'administration du protectorat a fort intelligemment confié l'entretien et la réparation des édifices religieux dont les travaux sont payés sur les revenus des biens *habous*, biens religieux et de mainmorte.

[1] Je donne la reproduction d'un de ces panneaux page 76.

[2] En 1312 de l'hégire, 1894, J.-C.

Cette mosquée date de 114 de l'hégire. Elle fut terminée en l'an 141. Agrandie en 250 (H.) par Ziadet Allah ben Aglab, elle fut l'objet de différentes restaurations sous les Hafsides Yahia ben el Mostancer (676 H.), Zakaria (716), Abou Abdallah (au commencement du IXe siècle de l'hégire), etc...

La mosquée proprement dite se compose d'un grand nombre de nefs parallèles, la nef du milieu est plus large que les autres, comme à Sidi-

Cliché Neurdein.

Koubba sur la place de la Kasba.

Okba de Kairouan, et comme cette mosquée, elle possède deux dômes élevés sur tambours aux deux extrémités de cette nef centrale. Une grande cour la précède, dans laquelle on accède par des portiques à arcades qui prennent leurs entrées par des portes ouvertes sur les souks (le souk el attarin et le souk des étoffes), et sur une petite place où débouche la rue de l'Eglise.

Une fort ancienne mosquée est aussi celle de la Kasba, construite par Abou-Zakaria el Hafsi en 629. H. (1231, J.-C.) et achevée en 633. H. (1236, J.-C.). Son magnifique minaret a été récemment dégagé et restauré avec une grande habileté par l'architecte tunisien Si Ahmed Chérif.

Les trois mosquées que je viens de mentionner sont des mosquées Malékites, à nefs multiples, à grandes cours et à minarets à base carrée.

D'autres mosquées à minarets octogonaux sont celle de Sidi Youssef,

Cliché Neurdein.

Boulevard Bab Menara et Minaret de la Mosquée de la Kasba.

rue Sidi-ben-Ziad, construite de 1019 (1610) à 1047 (1637); celle de Hamouda Pacha, rue Sidi ben Arouz, construite en 1076. H. (1654, J.-C.) et toutes deux sont accostées du tombeau de leur fondateur surmonté d'une gracieuse toiture en pavillon couverte de tuiles émaillées en vert, et enfin celle qui est appelée Djama Djedid, construite par Hussein-ali-ben Turki (1117. H., 1153. H.), fondateur de la dynastie Husseïnite; son minaret qui menaçait ruine a été reconstruit très habilement par Sliman-en-Nigro, l'architecte tunisien dont j'ai déjà parlé.

Cliché Neurdein.

Mosquée Sidi Youssef et rue Sidi-ben-Ziad.

Ces trois mosquées sont du rite hanéfite, elles se distinguent des autres par leurs minarets sur plan octogonal, surmontés d'une galerie à jour et couronnés par un toit aigu. Leur disposition intérieure diffère en ceci du plan des mosquées malékites, que la mosquée hanéfite est isolée de la cour par trois portiques en retour tandis que la mosquée malékite occupe tout le fond de la cour.

Enfin, la mosquée la plus originale de Tunis est la mosquée de Sidi Mahrez, construite dans la seconde moitié du XVIIe siècle de notre ère et, je crois, sur les plans de Daviler, architecte français.

Cette mosquée diffère en effet profondément par son plan et son élévation des autres mosquées de Tunis. Seule elle est couronnée par une énorme coupole, contrebutée par quatre demi-coupoles. — Quatre autres coupoles plus petites occupent en plan les angles des bras de la croix ainsi formée. Elle est aussi entourée sur ses trois faces du portique malékite, mais son minaret construit vers le commencement du XIXe siècle est sur plan carré. La belle silhouette de cette mosquée se voit de loin quand on se trouve dans les quartiers élevés de la ville, et bien que sa décoration se réduise extérieurement aux formes simples des dômes, de leurs tambours et des murs de la mosquée, son aspect n'en est pas moins fort beau et très imposant.

Je pense qu'il serait oiseux de décrire les innombrables petites mosquées ou Zaouïas de Tunis. Je dois cependant, il me semble, dire quelques mots de la vie religieuse des musulmans, mais je ne veux pas en parler sans avoir décrit sommairement les Zaouïas ou écoles de Tunis (car j'y ai entendu dire également Zaouïa Suleïmania et Medersa Suleïmania, en parlant du même édifice).

Ces écoles, consacrées à recevoir les élèves de l'enseignement supérieur donné à la mosquée Zitouna, se composent généralement de grandes cours entourées de portiques sur lesquels donnent un nombre plus ou moins grand de chambres consacrées au logement des étudiants, une petite mosquée, des escaliers d'accès, des pièces de débarras, le logement du portier et d'une sorte de surveillant, des W. C. à eau courante complètent généralement ce programme bien simple et si je n'ai pu pénétrer que dans une Zaouïa de Kairouan, puisque l'accès de celles de Tunis est interdit aux Européens, je me suis rendu compte que dans l'exécution de ce programme les architectes tunisiens ont su en tirer un excellent parti.

C'est dans la grande mosquée que les étudiants vont suivre les cours, et voici ce que c'est que la mosquée :

La mosquée est le temple d'un culte fort simple, qui se borne à ceci. Le musulman est obligé de faire par jour un certain nombre de prières, s'il peut les faire dans une mosquée, l'œuvre n'en est que plus méritoire, mais il peut cependant les faire chez lui ou n'importe où il se trouve ; ces prières sont courtes, mais doivent être faites sous des attitudes prescrites, avec certains gestes et le visage tourné dans la direction de la Mecque.

Cliché Garrigues.

Ancien Minaret (démoli) de la Mosquée el Bechir.

C'est dans cette direction qu'est orienté le *mihrab*, niche creusée dans le mur terminal de la mosquée et vers laquelle tous les fidèles se tournent quand ils sont dans le temple.

Le vendredi, qui est le dimanche des musulmans, la prière doit être dite à la mosquée, c'est obligatoire, l'assistance y est aussi obligatoire aux différentes fêtes de l'année. Et ces prières dans la mosquée sont accompagnées de lectures du Coran, faites suivant certaines règles et psalmodiées d'une façon rituelle qui est fixée par la tradition et enseignée dans les mosquées. Le signal des prières et des génuflexions

Cliché Garrigues.

Entrée de la Medersa Suleïmania.

est donné par l'*imam*, qui, placé en face du mihrab, récite le premier chaque verset de la prière en l'accompagnant des gestes prescrits, l'assistance les répète après lui, pendant que les récitateurs du Coran montés dans une tribune psalmodient les passages du livre sacré. — Quand l'imam a terminé la prière, il monte les degrés de la chaire ou *mimber* qui se trouve à droite du mihrab et prononce debout une allocution analogue à nos sermons, discours roulant ou sur des points de morale, ou sur des points de dogme, puis l'assistance récite d'autres prières et les croyants se séparent.

La grande mosquée de Tunis, la *Djama es Zitouna* fut, dit-on, fondée sur l'emplacement d'une ancienne église chrétienne placée sous l'invocation de sainte Olive. C'est de là que lui viendrait son nom, car *Djama Zitouna* veut dire mosquée de l'olive ou de l'olivier. Elle date du IIe siècle de l'hégire, c'est donc une des plus anciennes de Tunisie.

Cliché Neurdein.

La Mosquée de Sidi Mahrez et la Place Bab-Souika.

De même que nos anciennes abbayes du moyen âge, la grande mosquée est un centre d'instruction, une sorte d'Université où les étudiants viennent apprendre ce qu'un savant musulmam doit connaître, la religion et ses traditions d'abord, ensuite le droit et la jurisprudence basés sur elles, et quelques éléments de littérature, de philosophie, de mathématiques et d'histoire. C'est bien là le programme de nos écoles du moyen âge où l'on enseignait les cinq arts libéraux.

La mosquée proprement dite se compose d'un grand nombre de nefs qui se croisent, soutenues par des colonnes arrachées pour la plupart aux ruines de Carthage, c'est là que tous les jours, en dehors des offices, les étudiants se réunissent autour de leurs professeurs. Une remarquable bibliothèque arabe y est annexée (elle compte actuellement près de six mille volumes pour la plupart manuscrits). Elle est précédée d'une grande cour entourée de portiques à arcades dont l'accès se fait par des portes qui s'ouvrent sur le souk des étoffes et le souk des parfums, tandis que l'entrée principale se fait sur une petite place à l'extrémité de la rue de l'Eglise. C'est la plus importante et la plus pittoresque aussi. Le vendredi, lorsque le cheick-ul Islàm arrive, monté sur une mule harnachée de velours brodé d'or et d'argent, et qu'il est reçu par les membres du clergé, ce n'est certes pas un spectacle banal que de voir avec quel respect les ulémas, les imams et les muftis le reçoivent au pied du perron élevé qu'il doit franchir pour pénétrer dans la grande mosquée. Son costume jaune d'or, brodé d'or et d'argent, son *haïk* de soie légère, son turban côtelé, d'un modèle unique à Tunis, sa physionomie grave et vénérable, son entourage pittoresque dont les costumes de couleurs variées s'harmonisent étonnamment entre eux, tout cela forme une vision absolument remarquable et je m'étonne qu'elle n'ait tenté jusqu'ici le pinceau d'aucun grand peintre.

La mosquée *Zitouna* est une mosquée *malékite* [1], c'est-à-dire que le rite qui y est suivi est le rite *malékite*, adopté presque universellement dans les pays de l'Afrique du Nord ; on distingue à première vue les mosquées *malékites* par la forme de leur minaret qui est carré : le rite *hanéfite* qui s'est implanté dans le magreb à la suite du protectorat turc, c'est-à-dire depuis le XVIe siècle de notre ère, a des mosquées un peu différentes comme disposition de plan, et les minarets sont octogonaux. On en voit un charmant exemple quand on sort des souks pour se diriger vers la rue de la Kasba. En prenant la rue *Sidi ben Arouz* qui joint les souks à cette rue, on passe devant la mosquée de *Hamouda Pacha* dont le minaret fut élevé précisément sur les dessins d'un des ancêtres de Sliman Ennigro. Il a la forme d'un fût octogonal reposant sur un dé carré et porte dans sa partie supérieure une galerie à jour protégée par un auvent saillant sous lequel s'abrite le *muezzin* lorsqu'il appelle les croyants à la prière. Le chant des muezzins de Tunis n'a pas la variété des vocalises de ceux du Caire, dont la mélopée plaintive s'étend d'une façon si pénétrante au loin. Mais ce cri d'*Allah ou Akbar* « Dieu est le plus grand » répété à plusieurs reprises et qui, au moment de la prière retentit sur tous les minarets de Tunis, a une poésie plus

[1] Les quatre rites orthodoxes de l'Islam sont : le rite Malékite, le rite Hanéfite, le rite Hanbalite, le rite Chaféite, ainsi nommés des savants docteurs qui en ont organisé les préceptes.

sauvage. Dieu est grand ! Croyants rendez-vous à la prière ! Tel est l'appel qui, cinq fois par jour, avertit les musulmans de ne pas oublier leurs devoirs religieux. Au temps du Ramadan, tous ces minarets sont illuminés d'une quantité de lampions et par les nuits si belles de Tunis,

Cliché Neurdein.

Entrée principale de la Djama Zitouna ou grande Mosquée.

c'est un spectacle inoubliable que de voir, du haut des quartiers élevés, lorsqu'on plonge ses regards sur la ville, toutes ces colonnes de feu qui semblent de gigantesques cierges brûlant pour la gloire de Dieu.

Mais combien ce spectacle est inférieur aux merveilleuses illuminations des mosquées de Constantinople au temps du Ramadan. C'est une splendeur que rien n'égale et qu'on ne peut oublier quand on l'a vue une fois.

Nous avons suivi et étudié la vie musulmane à Tunis, ou du moins nous avons cherché à en faire connaître quelques traits.

Lorsque le croyant a fini son voyage ici-bas, et que, résigné, il a accepté la mort comme une chose nécessaire, il proteste encore de sa foi en élevant son index vers le ciel, il profère la *fatiha*, la prière essentielle, en attestant qu'il meurt dans la religion du prophète.

Dès que la mort est absolument certaine, on lave le cadavre, on lui

Cliché Garrigues.

Tourbet-el-bey ou tombeaux des beys.

obture les narines, la bouche et les oreilles avec du coton, on l'ensevelit dans un linceul, on le place sur une civière et on étend sur lui un drap de soie écarlate brodé de couleurs éclatantes. On le porte à la mosquée, dans une chambre réservée aux services funèbres et l'imam récite la prière des morts, puis, d'un pas rapide on le porte au cimetière ; chacun des assistants au convoi se fait une obligation de remplir un instant les fonctions de porteur, car une indulgence particulière est attachée à ce témoignage de fraternité et de solidarité.

Arrivé au cimetière, le corps est déposé dans une fosse peu profonde ; la tombe consiste dans une sorte de sarcophage posé sur la fosse, à la tête et aux pieds se dressent deux pierres verticales, ce sont les sièges où les anges de la mort viendront se poser au moment de la résurrection pour juger l'âme du mort. Quelquefois une stèle ornée d'une inscription rappelle les qualités du défunt, ou bien un turban sculpté sur la pierre de tête indique par sa forme les fonctions juridiques ou religieuses qu'il a remplies pendant sa vie; si c'est une femme, les sculptures de la dalle supérieure

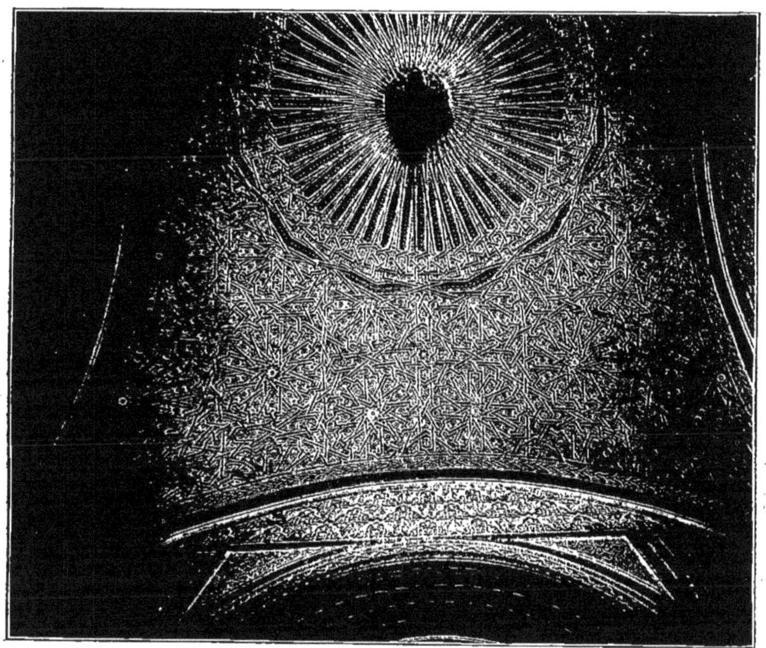

Cliché Garrigues.

Voûte en plâtre sculpté au Dar-el-bey.

du sarcophage représentent des rinceaux ou des bouquets de fleurs. Quelquefois une petite cuvette qui y est creusée recueille les eaux pluviales et les petits oiseaux du ciel viennent y boire.

Disposées sans ordre apparent, quelquefois abritées sous une chapelle sépulcrale voûtée, les tombes se succèdent, entourées d'arbres qui ont poussé au hasard des semences apportées par le vent. Quelque abandonné qu'il soit, le cimetière musulman est comme un grand jardin et au printemps lorsque l'herbe qui y pousse est parsemée de fleurs, et les arbres couverts de verdure, la comparaison en est plus frappante encore. Le vendredi, les familles viennent visiter leurs morts et les femmes vêtues de longs voiles blancs s'asseyent sur le bord des tombes et s'entretiennent avec eux.

Quelle poésie, quelle tranquillité et quel charme dans ces asiles des morts et combien leur aspect est différent de nos tristes et sombres nécropoles! Quelques-uns de ces cimetières sont enclavés dans la ville, mais ils sont désormais déclassés et l'on n'y fait plus d'inhumations. Ceux qui entourent la ville leur sont exclusivement réservés.

Dans Tunis même on rencontre un assez grand nombre de tombeaux, ou tourbas. Les uns sont ceux des souverains de la dynastie régnante, comme le Tourbet el bey, tombeaux des beys, d'autres près des mosquées sont ceux des beys fondateurs, comme ceux des mosquées d'Hamouda-Pacha et de Youssef-bey; d'autres enfin sont des tombeaux de personnages vénérés, de marabouts, ou bien encore de grands fonctionnaires. Tel est le tombeau de la famille Daouâtli, près du Dar-el-bey, qui consiste en une salle carrée abritée par une coupole et où se trouvent les cinq sarcophages des personnes qui y sont enterrées. Je cite ce tombeau, car l'inscription qui est gravée au-dessus de la porte est si intéressante que je ne crois pas pouvoir mieux faire que de terminer ce chapitre en la citant tout entière, d'après la traduction que M. Blondel m'a adressée :

« O Dieu, tout-puissant, dont la gloire est éternelle, à ta porte très haute se présente le Dey Ahmed qui abandonne ce monde périssable pour le monde éternel.

« Personnne ne peut demeurer éternellement ici-bas, même les plus puissants empereurs.

« Le pauvre Dey Ahmed vient te demander l'hospitalité en suppliant, sans autre viatique que sa croyance, car tu pardonnes à tous et tu protèges tes créatures.

« Ceux qui sont hospitaliers reçoivent et choient leurs hôtes, mais toi qui es le plus puissant de tous, offre-lui tes meilleures bénédictions et assure-lui tes heureux dons.

« O Dieu très haut, protège ce vertueux vieillard qui t'adorait si profondément, dont l'âme est allée voltiger auprès de toi en cherchant l'asile le plus précieux et le plus sûr. — Année de l'hégire 1057[1]. »

[1] Soit 1711 de J.-C.

Cliché Neurdein.

L'ancien marché aux esclaves, dans les Souks.

CHAPITRE IV

LES SOUKS. — LES ARTISANS

Les souks ou bazars comprennent tout un quartier qui s'étend pour ainsi dire de la place Bab-Souika ou place des Souks jusqu'à la Zaouïa Suleymania, d'une part, et de l'autre de la place de l'Église au boulevard Bab-Menara.

Dans ce quartier sont comprises quelques Zaouïas, quelques medersas et la mosquée Zitouna avec ses annexes. Ce ne sont partout que des rues voûtées ou abritées du jour et de la chaleur par des toitures en planches. De chaque côté de ces rues s'ouvrent les boutiques, généralement de petite dimension et dont le sol est légèrement surélevé au-dessus du pavé de la rue. Au bazar des tailleurs elles sont séparées par des colonnes aux fûts bariolés qui supportent au-dessus de corniches en bois garnies de tuiles émaillées les charpentes ajourées qui abritent la rue. Au souk el Attarin ou bazar des parfumeurs, au contraire, elles s'ouvrent par une baie rectangulaire dans le mur qui borde la rue, et les voûtes dont le crépi de chaux a pris les tons les plus savoureux sont soutenues par des colonnes trapues dont les fûts et les chapiteaux sont peints de rouge, de bleu, et de vert. Toute la journée une foule d'acheteurs et de promeneurs s'y presse, car on trouve dans ces boutiques minuscules tout ce qui est utile à la vie arabe ; depuis les objets de première nécessité jusqu'aux objets de luxe, parfumerie, meubles, bijoux, harnachements luxueux brodés de soie et d'or car les *serradjines* ou selliers ont conservé la tradition de l'art qui faisait une des grandes richesses du commerce tunisien.

Col. Saladin.

Découpure en papier sur laquelle les *Serradjines* ou Selliers font leurs broderies d'or en relief. — Modèle de troussequin de selle.

Au XIIIe siècle, pendant la période Hafside qui, comme l'a dit si justement M. G. Loth (*Revue encyclopédique*, 8 avril 1899), peut être considéré comme l'âge d'or de Tunis, presque tous les souks actuels furent bâtis. Les caravanes y affluaient, venant jusque du Darfour et du Soudan [1] apportant les esclaves, l'or, la gomme, l'ivoire, les plumes d'autruche, remportant de Tunis les habillements brodés, les armes, les harnachements, les mille produits de l'industrie locale. J'emprunte encore à M. G. Loth les données suivantes : sept cents boutiques d'épiciers, de droguistes et de parfumeurs s'y comptaient. Avant les dégrèvements accordés par Abou Farès les négociants du souk des étoffes versaient annuellement au trésor trois mille dinars d'or ce qui représente un total de plus de 600.000 francs de vente de ce seul chef.

Le souk des parfumeurs fut fondé par Abou Zakaria (+ 1249 J.-C.) et

[1] Aujourd'hui encore de nombreux clients d'Algérie et même du Maroc viennent y faire des commandes de costumes, d'armes, de harnachements richement brodés.

ces parfumeurs formaient alors une véritable aristocratie commerciale. Lorsque Abou Farès en rendit la fabrication libre, le savon seul procurait au trésor une recette de plus de 6.000 dinars d'or.

Mais si, aux jours ordinaires l'affluence des chalands est énorme dans les souks, que dire des jours où l'on y fait les ventes à la criée. Alors la

Cliché C. Boulenger.

Le Souk el Attarin ou bazar des parfumeurs.

circulation y devient impossible, les acheteurs et les vendeurs, les uns assis, les autres debout s'y pressent dans un désordre pittoresque, et c'est avec peine que les *dellals* ou courtiers peuvent passer d'un groupe à l'autre pour vanter leur marchandise et enregistrer l'enchère qui a été faite. A part deux ou trois magasins qui sont à peu près exclusivement consacrés à la vente des objets de curiosité que les nombreux touristes européens tiennent à rapporter de Tunis et où des intermédiaires, juifs pour la plupart, font les efforts les plus indiscrets pour amener les clients au magasin dont ils dépendent, il est rare de voir un commerçant chercher à attirer la clientèle autrement que par un étalage artistique et pittoresque de ses marchandises.

Après l'industrie des Serradjines ou selliers, une des plus estimées autrefois était celle des fabricants de chéchias, calottes rouges presque

Cliché Neurdein.

Souk des chéchias.

hémisphériques, de forme plus ou moins aplatie, plus ou moins haute qu'il ne faut pas confondre avec le fez turc. Le souk des fabricants de chéchias forme une longue galerie qui se trouve non loin du Dar-el-bey, et dans les boutiques de laquelle un certain nombre d'indigènes se livrent encore à cette fabrication. Les chéchias tricotées en laine, foulées, cardées avec soin étaient autrefois teintes à Zaghouan dont l'eau possède, paraît-il, pour cette opération des qualités toutes particulières.

Cette industrie presque complètement abandonnée vers 1882 semble renaître peu à peu avec le bien-être et le luxe, et plusieurs des boutiques de ce souk, remarquables par leurs boiseries finement sculptées et assemblées, ont été restaurées avec goût dans ces dernières années et ornées de plâtres sculptés d'un assez joli sentiment. Ces boutiques sont, avec celles des barbiers, les mieux décorées du vieux Tunis.

Une industrie presque éteinte aujourd'hui, et qui était une branche assez curieuse de la sculpture sur bois, était l'industrie des timbres ou tabas destinés à imprimer la marque de fabrique sur la feuille de papier

Cliché Neurdein.

Souk el Attarin et porte de la Mosquée Zitouna.

pliée à l'intérieur de la chéchia, marque de fabrique contenant au milieu d'un cartouche plus ou moins bien gravé, le nom du fabricant et une sorte d'emblème géométrique nommé *nicham* qui était pour ainsi dire la partie essentielle de cette marque. Ce détail était probablement rendu nécessaire par l'analogie fréquente des noms des Arabes, qui n'ayant que rarement des noms de famille constitués généralement par des surnoms, peuvent être facilement confondus les uns avec les autres; comment, en effet, distinguer les Mohammed ben Ali les uns des autres sinon par ce moyen? Je donne dans ce livre plusieurs empreintes de ces sortes de sceaux; on pourra donc apprécier ce que les artistes tunisiens ont su mettre d'art dans ces simples objets.

Dans certains quartiers extérieurs, des *fondouks* ou hôtelleries reçoivent les commerçants de l'intérieur qui viennent faire leurs achats à Tunis, c'est là aussi que s'arrêtent les petites caravanes qui viennent y prendre les chargements de ballots que des files interminables de chameaux iront porter jusqu'aux frontières extrêmes du pays, et même dans les pays voisins.

Les Arabes purs ont horreur des métiers manuels, mais les Mores au

Cliché Neurdein.

Le Souk des tailleurs.

contraire, qui sont à proprement parler les descendants des autochtones ou véritables indigènes, convertis à l'islamisme par l'invasion arabe, ont conservé leur aptitude au travail et leur goût artistique. Des menuisiers, des serruriers, des peintres sur meubles, des sculpteurs, des potiers, des tisserands en étoffes de laine, de coton et de soie, des brodeurs, des bijoutiers continuent à exercer comme au moyen âge leur petite industrie dans des ateliers minuscules et avec un outillage rudimentaire, des parfumeurs y distillent l'essence de jasmin et de rose, des teinturiers réunis en corporation compacte (un véritable trust), y teignent de couleurs éclatantes la soie, le coton et la laine.

Les tisserands sur des métiers juchés dans des échoppes invraisemblables y fabriquent de charmantes étoffes de soie, ou de soie et laine, ou de coton. Il n'est pas difficile de retrouver dans tous ces procédés des traditions très anciennes dont l'industrie moderne pourrait tirer profit en les

Cliché Garrigues.

Boutiques arabes.

rendant plus pratiques, elle y aurait parfois avantage, notamment dans l'emploi des couleurs végétales dont la solidité est indispensable pour la teinture des laines destinées aux tapis, car les couleurs modernes à l'aniline sont tellement fugaces qu'elles disparaissent en peu d'années si la lumière les atteint.

Ces artisans ont généralement l'amour de leur métier et ceux d'entre eux dont la profession est un peu artistique comme par exemple les sculpteurs sur bois ou sur plâtre, les peintres décorateurs, les menuisiers, mettent un grand amour-propre à faire des ouvrages qui les satisfassent, et ils gardent jalousement le secret de leurs procédés.

J'en citerai un exemple bien typique. J'étais allé autrefois visiter plusieurs de ces sculpteurs sur plâtre qui font encore de ces découpures ajourées semblables aux fameuses sculptures de l'Alhambra de Grenade, afin de pouvoir en employer quelques-uns dans les travaux que j'avais à exécuter pour la section tunisienne de l'Exposition de 1889. L'un d'eux habitait près de la place Halfaouïne, une petite maison dont il avait décoré la pièce principale de vitraux sertis dans des réseaux de plâtre, de charmants panneaux en plâtre découpé et de corniches faites de ces alvéoles superposées qu'on a très exactement comparées à des nids d'abeilles ou à des stalactites. Il m'en expliqua la fabrication et me fit voir une collection de dessins fort intéressants qu'il tenait de ses parents, mais qu'il ne voulut pas m'autoriser à photographier. « Ce sont mes modèles, me dit-il, et si vous n'étiez pas architecte, je ne vous les aurais pas montrés, car je ne les fais voir à personne. En serrant de nouveau dans le coffre de bois peint de fleurs bariolées et d'ornements géométriques, toute sa collection d'entrelacs, de rinceaux, de rosaces, de polygones étoilés dessinés d'un trait un peu gros et très ferme sur un papier ancien, il ne pouvait s'empêcher de me dire avec chagrin : voilà ce que m'ont laissé mes parents, ce qu'ils savaient et ce que comme eux je sais exécuter; mais je ne trouve pas comme de leur temps des gens assez riches et d'assez de goût pour m'en faire exécuter toute l'année; je travaille pour si peu de personnes, que je suis réduit la plupart du temps à être maçon, paveur ou badigeonneur pour faire vivre ma petite famille; vous voyez ce que je sais faire, ces vitraux sont aussi mon œuvre, mais les Arabes riches ne savent plus apprécier notre art et ils ont le goût absolument gâté par ce que, vous autres Européens, vous apportez ici ». Et ma foi il ne raisonnait pas trop mal, car j'ai constaté moi-même cette indifférence singulière pour leurs arts d'autrefois chez beaucoup d'indigènes éclairés.

Cliché Saladin.

Plâtres sculptés par Ali es Sakka.

Le vieux Mohammed Karaborni surnommé Tordjeman, un des derniers survivants de la profession, a bien voulu donner quelques détails sur sa profession à mon ancien élève M. Elie Blondel, architecte à Tunis qui me les a transmis.

Son grand-père, Mohammed Karaborni était d'origine turque et était venu en Tunisie au temps d'Hamouda Pacha ; il apprit le métier de sculpteur de son beau-frère Mohammed bel Hadj Younès qui achevait alors la décoration de la Koubba de Sidi er Rihaï à Tunis, et qui, comme je l'ai dit plus haut étant mort avant de l'avoir terminée fut remplacé par un artiste marocain de passage nommé Hadj Hassen el Fassi. Je dois faire remarquer que la manière de Si Younès à qui l'on doit une partie des plâtres découpés du Bardo, de nombreux travaux à Tunis, se ressentait un peu du goût turco-persan caractérisé par des arabesques florales dérivées de l'imitation d'étoffes ou de broderies ; on peut attribuer à l'influence du marocain Hadj Hassen le retour à l'ornementation purement géométrique qui a de nouveau prévalu jusqu'à nos jours dans les tracés des panneaux de plâtre sculpté et des vitraux.

Col. Saladin.

Reliure en papier doré
découpé par Si Younès el Hachaïchi.

J'ai pu voir de près bien d'autres artisans tunisiens, des ébénistes, des menuisiers, des peintres, tous m'ont accueilli avec la même affabilité, heureux et touchés de l'intérêt que je leur témoignais.

On ne croirait pas qu'il existe encore des damasquineurs à Tunis. J'en connais pourtant au moins un, Hadj-ali-Jouïbi qui damasquine encore des canons de tromblons, de pistolets ou de fusils, des étriers en fer forgé, des éperons, et qui a jadis damasquiné d'or et d'argent pour Mme Massicault un coffret d'acier. Cette corporation diminue tous les jours car les beys et les riches arabes ne leur font plus guère de commandes et ils semblent travailler surtout pour les chefs des tribus de l'intérieur.

Toutes ces corporations ont à leur tête un amine ou maître-expert qui tout en exerçant sa profession est désigné comme arbitre pour trancher les difficultés pouvant s'élever entre les artisans et leurs clients.

Les brodeurs sur étoffes et sur selles forment peut-être la plus florissante des corporations d'artisans d'art de Tunis ; pour cette raison je crois devoir m'étendre avec plus de détails sur cette industrie encore si artistique qui au Maroc et en Algérie produit encore de fort belles choses. Les brodeurs de Tunis sont assurément les plus habiles de tous.

Cliché Blondel.

Clôture ajourée d'une boutique du Souk des chéchias.

D'après Si Mohammed el Hachaïchi, un brodeur n'a droit au titre de maître que lorsqu'il peut composer sans l'aide d'aucun modèle un dessin de broderie de dossier ou de couverture de selle. — Leur art ne se borne pas à ne broder que des harnachements, toutes les broderies d'or sont de leur ressort, Allala Khiari l'un des plus habiles d'entre eux fait des broderies de corsages de femmes dont il compose tous les dessins et il a même brodé pour le feu bey Mohammed el Hadi un magnifique costume d'apparat ; autrefois comme aujourd'hui l'état-major de l'armée beylicale était le principal client de ces artisans et c'est ce qui explique comment cet art s'est à peu près maintenu jusqu'à nos jours. D'autres broderies fort belles ont été récemment commandées à Allala Khiari par des caïds marocains et coûteront environ 2.500 francs pour chaque harnachement.

Les menuisiers de Tunis suivent les traditions locales de l'art andalou, modifié à la fois par l'influence des broderies, par l'ornementation turques ou persanes, et par celle de l'importation européenne, surtout italienne, depuis le XVIIe siècle de notre ère. De là ce faux air rococo de certains détails de sculpture, aussi bien dans le bois que dans la pierre et dans le plâtre. Il y a longtemps déjà un menuisier marocain vint se fixer à Tunis et y enseigna le métier de menuisier suivant la mode du Maroc, à un amine des menuisiers de Tunis nommé ben Ghars-Allah. Celui-ci l'enseigna à son élève Hamda ben Otsmane qui l'enseigna à son neveu Mohammed el Gharbi, duquel le maître menuisier Ahmed el Ksouri el Andoulsi, de qui je tiens ces renseignements, apprit son métier. On voit donc que la tradition marocaine qui est celle des Maures d'Espagne a encore été amenée à Tunis pour les menuisiers, comme nous avons vu qu'elle l'avait été pour les sculpteurs sur plâtre. C'est à Hamda ben Otsmane et à Mohammed el Gharbi que l'on doit le beau plafond en coupole du Bardo que je donne plus loin.

Col. Saladin.

Miniature exécutée par Si Younès el Hachaïchi.

Ahmed el Ksouri a exécuté de nombreux travaux à Tunis, il a exposé aux sections tunisiennes des grandes expositions universelles depuis 1884 et a exécuté récemment un fort beau *tabout* ou cénotaphe décoratif pour le tombeau de Sidi Ali ben Aïssa au Kef; ce tabout a été en grande partie exécuté dans le même style que celui de Sidi Mahrez à Tunis. D'autres menuisiers comme Ali-el-Bradhy s'adonnent plutôt à la fabrication de meubles et savent encore concevoir des corniches à stalactites exécutées comme celles des anciens monuments moresques à l'aide de prismes de bois sculptés et juxtaposés, dont tous ceux qui ont écrit sur l'art moresque ont expliqué les différentes combinaisons (Cf. Owen Jones et Goury, l'*Alhambra de Grenade*).

Un art bien intéressant aussi est celui de la peinture des manuscrits. Il n'est plus guère exercé que par un petit nombre d'artistes, et le plus célèbre d'entre eux, Si Younès el Hachaïchi dont je donne ici plusieurs œuvres, a exécuté pour la bibliothèque des beys, pour le Kasnadar, pour Khereddine, pour l'ouzir Mustapha Saheb et Taba, de magnifiques copies du Coran et divers travaux remarquables. Si Younès dont la famille est originaire d'Hébron est encore malgré son grand âge (quatre-vingts ans passés) en pleine possession de son talent. Ses aïeux partis d'Hébron s'étaient fixés à Jaën, en Andalousie, ce sont donc encore des traditions andalouses que celles que Si Younès a reçu de ses ancêtres. Lors de l'exode des Andalous en Tunisie, Mohammed bou Aziz el Khalili el Jaïani vint se fixer à Tunis, comme peintre calligraphe, et tous ses descendants exercèrent cet art en se le transmettant de père en fils. C'est l'un d'eux, el Hadj Hamouda el Hachaïchi qui écrivit et illustra les 20 volumes des œuvres de Bokhari qui sont à la bibliothèque de la Djama Zitouna, son fils Hamouda el Hachaïchi, imam de la Djama el Bechir exécuta beaucoup d'œuvres d'art pour Hamouda Pacha et écrivit et enlumina plusieurs actes de mariage des beys enfin le père de Si Younès, le cheick Mohammed el Hachaïchi avait écrit et décoré de nombreux manuscrits pour la bibliothèque du Bach-Mamlouk Husseïn, ministre de Husseïn bey, bibliothèque dont le bey Ahmed fit l'acquisition à sa mort, pour en faire don à la bibliothèque de la Djama Zitouna [1].

Enfin je dois aussi mentionner la corporation des constructeurs, dont les plus habiles sont nommés *amines* et sont de véritables architectes.

Là encore nous retrouvons la tradition andalouse, car Si Sliman Ennigro et Si Tahar ben Saber ont reconstruit le minaret de la Djama Zitouna, ils l'ont reconstruit comme le disent les Tunisiens, à *la mode andalouse*. C'est parfaitement exact.

Si Sliman Ennigro qui est mort il y a quelques années a laissé un fils, Si Mohammed Ennigro, son élève, à qui je dois de nombreux dessins de monuments tunisiens. Leur famille originaire de Cordoue se réfugia à Séville, puis à Grenade, et vint à la fin de l'exode douloureux qui vit s'éparpiller de Tanger à Tunis les derniers descendants des Maures d'Espagne, se fixer à Tunis vers 1610. Architectes de père en fils, les Ennigro travaillèrent toujours pour les beys. Le minaret de la mosquée Hamouda Pacha, le fort Bordj-ben Assal, la porte de France ou Bab-el-Bahar, les Zaouïa de Sidi Brahim er-Rihaï et de Sidi Ali el Hatab, les mausolées des beys, place Tourbet el Bey, les palais de Kassar Saïd et du Bardo, le minaret de Sidi Ali Mohsen, etc., leur sont dus et Si Sliman outre ce dernier travail et le minaret de la Djama Zitouna a exécuté à cette dernière mosquée des travaux de restauration et de consolidation très bien entendus, notamment ceux du portail Est, ainsi qu'un certain nombre de travaux particuliers. Il avait même rédigé

[1] Je dois tous ces renseignements à M. E. Blondel à qui Si Younès les a communiqués.

à mon intention un ouvrage sur l'architecture arabe en Tunisie que la mort l'a empêché de finir, et que je publierai un jour avec ses dessins.

Un autre architecte tunisien, Si Ahmed Chérif a exécuté aussi de nombreux travaux remarquables; nommé maître en 1875 et amine en

Cliché Saladin

Maison rue Kouttab el Ouazir.

1893, il a restauré en 1876 le palais Hussein, en 1896 la mosquée el Helek près de Hadjamine, construit en style andalou les écoles coraniques de la rue Bab-Saâdoun et de Kous el Haddouine, restauré avec une grande habileté (je l'ai constaté sur place) le minaret de la mosquée de la Kasba, et reconstruit celui de la mosquée el Béchir qui n'est pas encore totalement terminé.

Si j'ai insisté si longuement sur les corporations et les artistes tunisiens, c'est que je veux montrer combien ils sont intéressants, combien ils ont conservé encore leurs traditions malgré la difficulté où ils sont de lutter avec l'industrie européenne. Ce n'est pas cependant pour qu'on croie devoir entreprendre une soi-disant régénération des arts et métiers à Tunis en introduisant dans l'enseignement professionnel, les méthodes françaises. Ce serait une erreur. On leur ferait perdre ce qui leur reste de traditions originales. Si je me rappelle en effet ce que j'ai vu à l'exposition de 1900, il ne me semble pas qu'en leur faisant faire (comme le prouvaient les œuvres des élèves de l'école professionnelle) de la serrurerie européenne, ou des meubles Louis XIV ou Louis XV on leur rende un bien grand service. C'est leur apprendre une langue étrangère que leur apprendre nos styles, où d'ailleurs ils réussiront toujours moins que des artistes européens. Il suffirait de leur faire des commandes d'objets en style indigène, en leur conseillant de s'inspirer des nombreux modèles qui sont sous leurs yeux, pour leur permettre de ne pas perdre leurs traditions et de gagner largement leur vie. S'ils sont tirés de la misère, ils formeront des élèves qui pourront demander à l'école des arts et métiers l'enseignement technique seul, mais pas l'enseignement artistique que leurs maîtres indigènes connaissent mieux que les Européens. Que les menuisiers y apprennent à bien débiter les bois, à exécuter avec précision les assemblages, à acquérir la sûreté de main et la dextérité nécessaire, c'est tout ce qu'il leur faut.

Marque des fabricants de chéchias.

L'administration des Habous, sous la direction de M. Roy, secrétaire général du gouvernement tunisien, a très sagement agi en donnant tous ses travaux à des indigènes, cela a sauvé la corporation du bâtiment de la décadence qui la menaçait. Mais d'autres travaux pourraient être abordés, si à l'école des arts et métiers on fait comprendre aux apprentis l'usage des machines à ouvrer, la conception rapide des ouvrages, la nécessité de les exécuter en un temps donné et de se conformer exactement aux engagements pris; des entrepreneurs indigènes pourront alors concourir aux adjudications (ce qu'ils ne savent pas encore faire car ils ne savent pas s'exécuter en temps voulu). Mais qu'on ne touche pas à l'enseignement artistique traditionnel!

Quant aux autres métiers d'art que faisaient vivre les beys et leur cour, je me demande pourquoi cette aristocratie indigène ne pourrait pas être encouragée à suivre cette tradition; pourquoi la colonie française et italienne qui compte tant de gens de goût ne contribuerait pas aussi pour sa part à la renaissance de ces industries d'art. Il y a assez de grandes fortunes à Tunis pour qu'on puisse y faire faire de beaux meubles, de belles étoffes de tenture en soie, de beaux tapis. Les brodeurs arabes ont assez de goût pour que les belles toilettes des élégantes de Tunis leur empruntent une partie de leurs charmes, et je m'étonne vraiment qu'on n'ait jamais jusqu'ici cherché à tirer parti de toutes les ressources que l'industrie locale fournirait au luxe des habitations et des vêtements, si on avait voulu réellement s'en préoccuper. Les traditions artistiques sont un capital qu'on aurait bien tort de laisser perdre. On commence déjà à s'en douter un peu, mais on devrait penser que leur conservation n'intéresse pas seulement un petit nombre d'amateurs ou d'archéologues. Elle est un élément de prospérité pour le pays, non seulement parce qu'elle y fait vivre un grand nombre d'indigènes, mais encore parce qu'elle fait partie de ce qui y attire et y retient les étrangers. Croit-on que les gens qui vont à Tunis y viennent chercher la vie européenne, et songent à y acheter pour les rapporter en France, des meubles Louis XV? non n'est-ce pas? Et si les touristes y sont plus attirés qu'à Alger, c'est qu'Alger leur paraît trop francisé. Qu'on fasse donc un effort pour conserver à Tunis ses artistes et ses artisans, et on aura augmenté encore l'attrait de cette charmante ville qu'on a su si judicieusement conserver aujourd'hui, en respectant la ville arabe, ses monuments et ses mosquées.

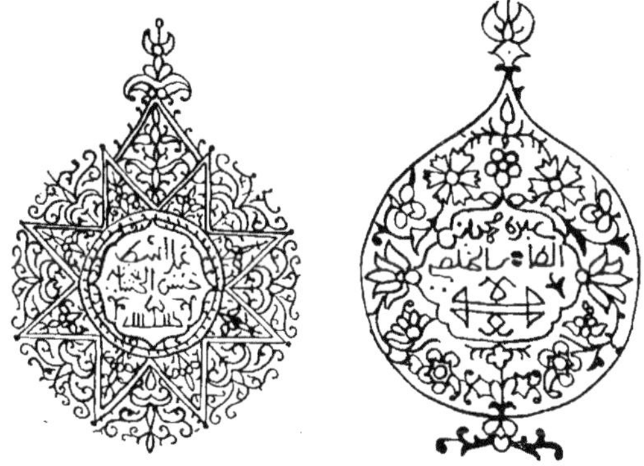

Marques des fabricants de chéchias.

Cliché Neurdein.

Environs de Tunis. — L'aqueduc de Carthage.

CHAPITRE V

LES PALAIS EXTRA MUROS. — LE BARDO. — LA MANOUBA LA BANLIEUE DE TUNIS. — SIDI BOU SAÏD

Des nombreux palais ou résidences princières élevées dans la banlieue de Tunis par les beys ou les membres de leur entourage depuis le XIIIe siècle jusqu'à nos jours, il existe encore un certain nombre. Les palais des beys sont ceux de la Marsa, du Bardo, de Kassar Saïd; on les connaît puisqu'ils font partie du domaïne de la Couronne. On connaît peu en revanche les résidences élevées par des ministres ou des membres de la famille beylicale dans les environs de la capitale. Ces petits palais devaient être nombreux, car nos vieux voyageurs en ont parlé et nous les décrivent, en insistant sur le grand nombre de ces maisons de plaisance. Je ne citerai que ce qu'en dit Thévenot (L. II, p. 383). « Le terroir de Tunis, dit-il, est tout plein de ces métairies (ou maisons de plaisance) qui sont bâties comme les bastides du terroir de Marseille. Celle de dom Philippo (fils d'Ahmed Dey, roi de Tunis) est à demi-lieue de la ville, elle est fort belle et bastie en tour quarrée et est la plus haute qui soit à l'entour, il y a cent et onze degrez à monter de la salle au haut de la tour où l'on a fort belle vûë car on découvre de tous côtez à perte de vûë une belle campagne pleine d'oliviers ; il y a là haut une grande salle découverte par le haut [1], y aiant tout à l'entour des galeries couvertes, dont le toit est soutenu de plusieurs colonnes ; au milieu de

Cliche Saladin.

Palais de la Manouba. Portique antérieur.

ce lieu découvert est un grand réservoir d'eau et il sert à faire plusieurs jets d'eau ; tout ce lieu est orné de marbre, comme aussi toutes les salles et chambres qui sont ornées d'or et d'azur, et de certains travaux de stuc fort admirables, et il y a partout des fontaines qui jouent quand on veut. »

[1] C'est le patio des maisons tunisiennes.

De ces petits palais, un des plus intéressants est celui de la Manouba, actuellement converti en caserne de cavalerie, mais le palais proprement dit ne sert que de logement aux officiers et l'on en a respecté toutes les dispositions principales en le consolidant le mieux qu'on a pu. D'autres résidences, telles que l'ancien palais de Khereddine et quelques villas se trouvent aussi à la Manouba; je ne décrirai ici que le palais dont je viens de parler et que j'ai pu visiter à plusieurs reprises.

Il présente une façade élevée d'un étage sur un rez-de-chaussée ; on

Cliché Saladin.

Palais de la Manouba. Pendentif de la rotonde.

monte au premier qui forme l'étage véritable du palais par un grand escalier droit, et par lequel on pénètre au milieu du portique qui précède les bâtiments proprement dits. Ce portique formé d'arcades en plein cintre soutenues par des colonnes en marbre d'ordre dorique et par conséquent d'origine italienne, a ses voûtes d'arête décorées de plâtres sculptés à jour d'un travail exquis. Les portes et les fenêtres en marbre, d'un style rococo italien tout à fait réjouissant, ne jurent pas trop avec les arabesques dont je viens de parler. Au-dessus de la porte d'entrée, la voûte est une coupole sur pendentifs reposant sur un tambour à base octogonale percé de quatre baies décorées de vitraux en plâtre ajouré. A droite et à gauche sont de grandes salles longues dont l'une, celle de droite, décorée de colonnes en marbre, de plâtres ajourés et de faïences, sert actuellement de bibliothèque aux officiers. Au fond de la salle se trouve une sorte de niche en marbres de couleur, toujours de ce Louis XV italien si singulièrement exubérant.

La cour dans laquelle on pénètre ensuite est un grand patio à portiques d'arcades en plein cintre sur colonnes doriques très élancées ; les façades sont bien délabrées, car la décoration en plâtre ajouré et les

Cliché Saladin.

Palais de la Manouba. Plafond de la bibliothèque.

voussoirs de marbre des arcades ont disparu presque partout, mais la bordure en tuiles vertes des terrasses, la corniche de marbre, avec ses frises en faïence existent encore, en partie du moins ; les voûtes en plâtre ajouré sont à peu près intactes et sur les murs il y a encore une partie des panneaux décoratifs en faïence qui les tapissaient autrefois en entier. C'est autour de cette cour que se trouvaient tous les bâtiments d'habitation. Tout au fond, une grande salle carrée qui, par une disposition ingénieuse d'angles voûtés soutient par de larges pendentifs une coupole sur tambour percé de huit fenêtres à vitraux ajourés, servait probablement de salon principal ; son plan est fort ingénieux car il permet des vues dans tous les sens sur la campagne, et la décoration en plâtre ajouré des pendentifs du tambour et de la coupole est encore intacte et d'un goût très pur. Seuls, les encadrements des baies en marbre, les colonnes de marbre et les faïences presque toutes de fabrication italienne détonnent un peu et paraissent disparates au milieu de ces éléments purement tunisiens. Il n'y a d'étage qu'à gauche de la façade principale et une seule pièce le constitue. Déjà on peut voir dans l'escalier qui y conduit des plafonds en bois sculpté, qui tombent en ruine mais qui sont d'un goût absolument exquis bien que leur ornementation soit en réalité trop fine de détails. La grande pièce où l'on arrive alors réserve une surprise au visiteur qui a eu la patience d'insister pour qu'on la lui montre. Les murs sont tapissés de faïences assez simples ; au-dessus des encadrements des fenêtres que surmonte un triple rang d'ornement également de faïences se déroule autour de la pièce une magnifique frise en plâtre sculpté d'un dessin et d'une exécution admirables. Une seconde frise en bois peint sert de support immédiat à un plafond constitué par deux encorbellements successifs creusés d'alvéoles dorées ou d'entrelacs géométriques qui soutiennent le plafond proprement dit décoré des plus belles dispositions de réseaux géométriques qu'on puisse imaginer. Tout cela est peint d'arabesques d'une harmonie de couleur ravissante, avec des parties dorées dans les creux qui donnent à tout cet ensemble une richesse d'aspect absolument remarquable.

Bien que tous les tons employés aient certainement présenté, dès l'origine, une harmonie générale incontestable, il n'en est pas moins vrai que le temps a mis sur tout cela une patine discrète, qui donne à tout cet ensemble un éclat chaud et assourdi qui rappelle absolument l'aspect des vieux cachemires des Indes ou des anciens tapis persans les plus beaux qu'on connaisse.

Il y avait autrefois dans les dépendances de ce palais un petit kiosque délicieux, composé d'une salle carrée avec abside, recouvert d'une toiture en ruines d'où émergeaient quatre petites coupoles et une centrale, plus grande et côtelée. Trois de ses faces murées en partie quand je l'ai vu pour la première fois étaient autrefois garnies de vitraux et de fenêtres s'ouvrant sur la campagne. On a pu en voir à l'Exposition de 1900 une reproduction exacte exécutée d'après mes dessins et avec des moulages faits par le service des antiquités et des arts [1] de Tunisie.

Ce charmant petit monument brodé des plus délicieuses arabesques

[1] Quelques fragments de ces moulages sont au musée du Trocadéro.

sculptées sur plâtre tombait en ruine ; le Gouvernement tunisien en fit l'acquisition, le fit démonter avec le plus grand soin et remonter dans le jardin du belvédère par M. Lefèvre, architecte de la ville de Tunis, et maintenant consolidé et reconstruit, orné de vitraux dont j'avais tracé le projet et qui furent exécutés par les sculpteurs Ali es Sakka et Mustafa Tordjeman dans les ateliers du Bardo, il forme actuellement un des plus beaux ornements du parc municipal de la ville de Tunis. — Je citerai encore parmi ces jolies habitations suburbaines le château de

Cliché Neurdein.

Kiosque de la Manouba.

Bir Kassa près de Tunis, qui appartient à M. Savignon, et la villa de Mornakia avec son grand bassin où se mirent ses portiques, souvenir des grands bassins des palais du Maroc et des miroirs d'eau des palais persans.

Dans ce pittoresque village de Sidi bou Saïd dont j'ai parlé au début de ce livre, village exclusivement habité par des arabes, se trouvent de nombreuses maisons pittoresques blotties au fond de délicieux jardins clos de murs élevés. L'une d'elles, possède un porche surélevé qui est du meilleur effet, quoiqu'il ne soit pas d'une date bien reculée.

J'ai nommé parmi les palais beylicaux des environs de Tunis, le

Bardo, le palais de la Marsa et celui de Kassar-Saïd. Seul, le Bardo présente un intérêt architectural.

Thévenot que j'ai cité plus haut, dit à ce propos qu' « il faut encore voir les Bardes (le Bardo) qui sont trois maisons que le Bey a fait bâtir pour ses trois enfants, à une lieue de Tunis... On voit à ces maisons quantité de fontaines avec de beaux bassins d'une seule pièce de marbre, venant de Gênes et, comme à celle de Dom Philippo, une salle

Cliché Sadoux

Kiosque de la Manouba.

découverte avec un grand réservoir au milieu et des allées tout à l'entour dont la couverture est soutenue de plusieurs colonnes, le tout pavé de marbre noir et blanc, comme aussi toutes les chambres qui sont couvertes d'or et d'azur et de ces travaux de stuc; il y a aussi plusieurs beaux appartements et toutes les maisons ont de beaux jardins pleins d'orangers et plusieurs autres arbres fruitiers mais fort bien rangés comme en chrétienté et plusieurs beaux berceaux au bout des allées, aussi tout cela est fait par des esclaves chrétiens. Ces maisons se nomment bardes, du mot berd qui veut dire en moresque, froid, à cause que ces lieux sont frais. »

Mais ces trois maisons dont se composait le Bardo furent bientôt insuffisantes, les palais se multiplièrent avec leurs dépendances et quand je le visitai pour la première fois à la fin de 1882, tous ces divers bâtiments avec leurs jardins et toutes leurs dépendances couvraient plusieurs hectares entourés de fortifications. Une ancienne photographie fait voir quel aspect confus présentaient tous ces bâtiments disparates.

Comme un grand nombre de parties de ces constructions menaçaient ruine et faute d'entretien ne pouvaient que causer plus tard des éboule-

Cliché Sadoux.

Palais du Bardo. Pendentif d'un salon démoli.

ments et peut-être des accidents, on fit un choix des parties les plus intéressantes; un budget fixe fut alloué pour leur restauration et leur consolidation; le reste fut détruit, après que la direction des antiquités et des arts en eût fait enlever les faïences et les sculptures sur plâtre les plus remarquables. Les décombres provenant de ces démolitions servirent à combler certaines parties des rives les plus basses du lac de Tunis.

De ce qu'on en a conservé, on a fait deux parts, l'une consacrée aux appartements beylicaux n'est accessible qu'aux visiteurs porteurs d'une autorisation spéciale. On y entre par le trop fameux escalier des Lions dont les lions de marbre sont du plus mauvais style italien qu'on puisse voir, mais qui possède un portique orné de sculptures en plâtre très délicates. Ce vestibule donne entrée dans une grande cour entourée de portiques dont la restauration a fait le plus grand honneur à feu M. Dupertuys architecte du gouvernement tunisien, artiste de talent à qui l'on doit la restauration et l'achèvement du palais de la Résidence à Tunis et du palais de France à la Marsa. Dans les appartements qui entourent cette cour on remarque plusieurs belles salles : l'une d'elles possède un beau plafond de style tunisien à ornements géométriques séparés par des glaces, une autre est ornée de marbres italiens et de beaux panneaux de faïences tunisiennes, plusieurs autres salles enfin sont plus ou moins heureusement décorées. Auprès d'une de celles-ci se trouve un petit salon dans lequel un des meilleurs sculpteurs tunisiens a dans les dernières années du XIXe siècle produit une des plus riches décorations en plâtre sculpté qu'on puisse imaginer ; malheureusement ce petit chef-d'œuvre n'a pas été photographié et je ne puis, à mon grand regret, en donner une idée ici.

L'autre partie du Bardo se compose du musée Alaouï, d'une petite mosquée et d'un bain Maure ; on a détruit, malheureusement pour les amateurs de pittoresque, ces curieuses rues à moitié couvertes, ces bâtiments à portes ornées de clous et de heurtoirs énormes, ces souks en miniature où se vendait tout ce qui pouvait être utile à la population bariolée qui vivait du palais et à son ombre. Mais on a su tracer autour de ces bâtiments un jardin qui commence déjà à prendre tournure ; ses massifs, ses arbustes sont en pleine vigueur et dans peu d'années d'ici c'est sur une oasis de verdure que se détachera ce qui reste des vieux bâtiments du Bardo.

Le musée Alaoui, fondé par Ali bey, successeur du bey Sadock, a été installé dans les plus belles salles de l'ancien palais, par les soins du service des Antiquités et des Arts, fondé dès les premiers temps du protectorat sous la forme d'une mission archéologique permanente. Ce service qui a dans ses attributions la surveillance et l'exécution des fouilles et des recherches archéologiques en Tunisie a été dirigé à l'origine par Ducoudray la Blanchère, puis par MM. Doublet et P. Gauckler ; actuellement son directeur est M. Alfred Merlin.

On ne peut qu'admirer l'œuvre réalisée avec des ressources relativement minimes, par les directeurs de ce service ; les collections du musée Alaoui sont le résumé et en même temps la matérialisation tangible de leurs travaux ; si en effet, les comptes rendus d'un grand nombre de ces fouilles et découvertes, si les rapports des missions archéologiques qui se sont succédé en Tunisie depuis plus de vingt ans, ne sont guère connus que par les érudits et sont dispersés dans un grand nombre de publications qu'il serait trop long de mentionner ici, le résultat des fouilles est exposé là au public. On y trouve statues, inscriptions, moulages, fragments d'architecture, modèles réduits des temples de Dougga et de Sbeitla[1], des basiliques de Carthage, de la villa des Laberii à Oudena, etc., etc., lampes et statuettes en terre cuite, objets d'orfèvrerie parmi lesquels on remarque la célèbre patère de Bizerte, bijoux puniques trouvés à Carthage,

Cliché Neurdein.

Palais du Bardo. Escalier des lions.

médailles et monnaies, etc. Mais à mon avis, rien de tout cela ne présente l'intérêt capital de cette incomparable collection de mosaïques unique au monde qui fait la gloire de ce musée. Mosaïques de pavage, de revêtement, mosaïques tombales; mosaïques païennes, chrétiennes, byzan-

[1] Les modèles de Dougga et de Sbeitla ont été exécutés sous ma direction et sur mes dessins.

tines, forment une série continue depuis l'occupation romaine jusqu'à la veille de la conquête arabe.

Si l'on a pu dire avec raison que sans l'iconographie des manuscrits byzantins et des manuscrits français, anglais, espagnols, allemands et italiens du moyen âge, nous ne serions bien souvent que très peu renseignés sur cette époque, car les textes et les monuments de l'architecture sont insuffisants, on peut en dire autant des mosaïques au point de vue des études d'archéologie antique à l'époque romaine et byzantine. Costumes, usages, édifices, scènes de la vie privée et publique, faune, flore, agriculture même, la mosaïque nous renseigne et nous renseignera sur bien des points que les textes ou les monuments ont laissés obscurs jusqu'ici.

Les mosaïques d'Oudena, nous montrent des scènes de chasse et de pêche, celles de Carthage des scènes de pêche et des oiseaux dans un verger. Celles de Tabarca et une de celles d'Oudena, des maisons de campagne, celle de Gafsa, un cirque à l'époque byzantine. Celle de Sainte-Marie du Zid une église en construction; celles d'El Alia des monuments divers de la Tunisie antique; celles de Medeina, des navires avec leurs agrès. Les tombes chrétiennes enfin nous donnent toute une série de costumes. Je ne mentionne pas toutes les mosaïques qui par des représentations de scènes mythologiques nous retracent d'une façon souvent très artistique les allégories les plus gracieuses de l'antiquité païenne et dont l'énumération serait trop longue.

Cette collection de mosaïques commencée par La Blanchère qui fit apporter au Bardo la célèbre mosaïque trouvée à Sousse par les officiers du 4e bataillon de tirailleurs est, il ne faut pas l'oublier, surtout l'œuvre de M. Gauckler, un de ses successeurs qui, avec une activité infatigable a su, en quelques années, réunir ces nombreux monuments presque tous d'un intérêt capital. Je ne veux pas dire que tous aient été découverts par lui, mais il en a découvert une grande partie dans les fouilles qu'il a dirigées personnellement, ou qu'il a fait entreprendre par le service des antiquités, il a su, en préservant celles dont la découverte lui était annoncée, en les faisant transporter au Bardo et en les faisant consolider, les préserver d'une destruction fatale et former le noyau d'une collection incomparable; les fouilles qu'on a faites en Tunisie ne sont, en effet, que peu de chose en comparaison de celles qu'on pourra y faire pendant longtemps encore, et il n'en est pour ainsi dire pas une dans laquelle on ne trouve des mosaïques. Carthage, elle-même, pillée depuis treize cents ans pour construire la Goulette et Tunis, pour fournir des colonnes et des marbres antiques à d'innombrables monuments, à commencer par la mosquée de Cordoue et la fameuse Medinet-el-Zahra, les mosquées de Tunis, celle de Sidi-Okba à Kairouan, pour finir par les monuments de Pise, n'a pas perdu ses mosaïques ; on a bien démoli les murs des édifices pour en enlever les pierres, les portiques pour en enlever les bases, les colonnes et les chapiteaux, mais on laissait les mosaïques et à chaque instant, pour peu qu'on fouille un peu profondément le sol antique on y rencontre des

Cliché Neurdein.

Palais du Bardo. Salle du Trône.

mosaïques. Celles qui ne sont que de simples pavages ornementaux sont innombrables, et on ne se donne même plus la peine de les enlever.

En 1900, on a enfin songé à donner une place à l'art arabe dans le musée Alaoui. Ce musée a été installé dans une dépendance du Bardo qui est à elle seule un petit palais. Bien que de fondation récente, il contient déjà un grand nombre d'objets, de meubles, de faïences, de bijoux, notamment ceux de Moknine et de Djerba, dus à des orfèvres israélites et qui sont du plus grand intérêt. Un plafond arabe de toute beauté qui provient du Dar-el-Bey de Tunis y a été remonté et produit un excellent effet. Seulement, à mon avis le musée arabe du Bardo ne devrait contenir que des objets anciens. En réunissant les objets modernes, ou relativement modernes, que l'on peut si aisément encore se procurer à Tunis, on devrait former dans Tunis même un musée d'art décoratif, facilement accessible à tous et s'il était conçu méthodiquement et avec goût, complété par des explications dessinées ou écrites, il pourrait peut-être devenir un des éléments les plus utiles pour le relèvement des industries locales à Tunis.

Je ne dois pas quitter le Bardo sans dire combien ce musée a été orga-

Cliché Neurdein.

Palais du Bardo. Grande Salle de la mosaïque de Sousse.

nisé avec soin et patience par son conservateur M. Pradère qui y est attaché depuis près de vingt ans et qui a été le plus précieux des collaborateurs pour les différents directeurs qui se sont succédé à la tête du service. C'est à lui notamment que sont dus les travaux des ateliers de mosaïque et de sculpture sur plâtre où sous sa direction ont été réparées ou consolidées les mosaïques, les sculptures sur plâtre, et exécutés les moulages du musée.

Les deux plus intéressantes salles du musée Alaoui au point de vue Arabe, sont d'abord la grande salle couverte d'un énorme dôme en charpente revêtu d'une véritable dentelle de bois doré et peint, dû comme je l'ai déjà dit aux célèbres menuisiers artistes Hamda ben Otsmane et Mohamed el Gharbi ; ensuite une petite salle octogonale qui faisait autrefois partie de l'appartement des femmes et sur laquelle débouchent quatre chambres d'égales dimensions destinées aux quatre favorites du bey. Cette petite salle a ses murs révêtus de fort belles faïences anciennes jusqu'à une hauteur de plus de quatre mètres. Dans les quatre salons qui forment les quatre bras de la croix entre lesquelles sont disposées les quatre chambres dont j'ai déjà parlé, des sculptures sur plâtre forment les tympans, les pendentifs et les voûtes.

Il en est de même des murs pleins situés au-dessus des portes, et des arcs qui les joignent deux à deux. Au-dessus d'une frise à arcatures de stalactites s'élèvent les huit faces d'une coupole à base octogonale, dont quatre sont percées de fenêtres ; elles sont toutes revêtues d'une véritable dentelle ajourée d'arabesques fouillées dans le plâtre avec une fécondité d'imagination remarquable.

Telles sont, tant à Tunis qu'aux environs, les nombreuses œuvres des artistes arabes anciens ou modernes qu'on peut encore admirer actuellement. Je ne suis pas le premier à les décrire en détail, bien que j'aie été un des premiers à pouvoir les étudier. Je m'estimerais heureux si, dans cette rapide description de Tunis, description qui ne peut avoir aucune prétention historique ou archéologique, j'avais réussi à faire apprécier comme il le mérite l'intérêt que présente l'étude de cette ville autrefois fameuse et qui a conservé tant de vestiges de sa grandeur passée. Je voudrais aussi avoir attiré sur les artisans et les artistes tunisiens non seulement l'attention de ceux de mes lecteurs qui visiteront un jour ou l'autre la capitale de la Régence mais encore celle de nos compatriotes fixés en Tunisie depuis plus ou moins longtemps. Je serais heureux d'avoir pu faire comprendre à ces derniers ce qu'ils voient tous les jours sans y prêter trop d'attention, de leur faire sentir que ces industries se meurent, non pas par impuissance ou par ignorance, mais par l'indifférence de ceux qui les entourent. Qu'on leur donne du travail et on les sauvera. C'est un souhait que j'ai formé depuis longtemps. Puisse ce petit livre contribuer à sa réalisation !

Cliché Neurdein.

Vue générale prise du sud de la ville.

KAIROUAN

LES MOSQUÉES. — LES MAISONS. — LES CIMETIÈRES.

L'histoire de Kairouan commence aux premiers temps de la conquête. Okba ben Nâfi qui avait envahi la Tunisie en venant de la Cyrénaïque avait été justement frappé par l'inconvénient que présentait, pour en faire sa capitale, le choix d'une ville située soit sur la côte, comme Carthage, soit à une certaine proximité de la mer, comme Tunis, où des armées débarquées par les flottes byzantines auraient pu facilement en quelques jours mettre en déroute ses troupes peu habituées à la tactique des armées impériales.

L'emplacement qu'il choisit pour Kairouan au contraire, était séparé de la mer par une grande étendue de terres arides et ne pouvait être attaqué que par une armée s'appuyant sur une flotte ancrée en rade de Sousse, port étroit et peu sûr. La ville était relativement facile à défendre puisqu'en très peu de temps toutes les petites armées arabes répandues dans l'intérieur de la Tunisie pouvaient très rapidement être rassemblées contre l'ennemi. La région privée de grands centres, sans cours d'eau régulier se prêtait admirablement aux combats de cavalerie et aux razzias auxquels les populations indigènes et les tribus arabes s'étaient de tout temps montrées si habiles.

La légende vient ici, comme dans tous les récits des premiers temps

Cliché Garrigues.

Vue générale de la Mosquée de Sidi Okba prise du sud-est.

de l'hégire, commenter les événements et en rendre pour ainsi dire le souvenir plus pénétrant en les entourant de faits miraculeux. L'emplacement de la ville, une fois choisi, au milieu de marécages et de buissons pleins d'animaux sauvages et de bêtes venimeuses, Sidi Okba proféra les malédictions les plus graves contre ces hôtes malfaisants et aussitôt le pays en fut débarrassé.

On disait aussi qu'une voix mystérieuse avait arrêté le conquérant à l'emplacement précis que devait occuper le mihrab de la mosquée de sa future capitale.

Quoi qu'il en soit de ces récits merveilleux, la première ville de Kairouan se forma par le groupement de nombreuses maisons et de quelques palais autour de la grande mosquée. Près de cette dernière s'était élevée aussi une mosquée de l'olivier, Djama Zitouna qu'un des Ansars,

— compagnons du prophète, — Rouifa ben Tsabit avait fondée dès que la ville avait commencé à s'élever.

Enfin, dans la banlieue de la ville une petite mosquée avait été construite sur le tombeau du Barbier du Prophète, la mosquée de Si Sahab, bientôt entourée d'une zaouïa, d'une école, dont les bâtiments fréquemment reconstruits forment aujourd'hui un ensemble pittoresque. C'est encore un but de pèlerinage pour les dévots musulmans.

L'établissement des Arabes n'était cependant pas alors constitué d'une manière définitive ou stable. Les Berbères sous le commandement de Koceila profitant de ce que les troupes d'Okba s'étaient enfoncées dans le Magreb, chassaient les Arabes de Kairouan et y établissaient un royaume éphémère. Okba revenant à grandes journées vers l'Est était surpris par ses ennemis aux environs de Biskra, et succombait après une défense héroïque à l'endroit même où s'élève actuellement son tombeau. Ses compagnons voyant que la victoire était impossible, avaient brisé les fourreaux de leurs épées et avaient chèrement vendu leur vie.

L'importance de la position de Kairouan n'échappa jamais aux successeurs d'Okba, gouverneurs comme lui, pour le compte des khalifes d'Orient, de la province d'Afrique. Plusieurs d'entre eux comme Yezid ben el Hatem, Hassan ben en Nôman, Hicham ibn Abd el Melek eurent à cœur de l'embellir et de la fortifier. La restauration, l'agrandissement, l'embellissement de la mosquée d'Okba furent aussi l'objet de leurs soins. C'est vraisemblablement par Hassan ben en Nôman, le conquérant de Carthage que furent apportées la plupart des colonnes byzantines que l'on peut encore admirer dans l'antique sanctuaire.

La période vraiment florissante de Kairouan est celle pendant laquelle elle fut la capitale de la première dynastie indépendante qui s'établit dans l'Ifrikya, la Tunisie actuelle.

L'émir Ibrahim el Aglab, de la tribu de Temmim, s'était rendu indépendant de fait, sinon de droit, du khalifat d'Orient auquel ne le rattachaient plus que des liens de vassalité assez lâches. Ces obligations consistaient à payer au khalife un léger tribut annuel et à faire prononcer « la khotba » dans la grande mosquée au nom du commandeur des croyants. Ses descendants régnèrent paisiblement jusqu'au Xe siècle; ils embellirent à l'envi Kairouan et ses environs jusqu'au jour où Ziadet Allah II fit bâtir un palais à Tunis et s'y fixa avec sa cour.

Non seulement Kairouan s'était accru de grands faubourgs dont le plus considérable, nommé Sabra, formait à lui seul une petite

Cliché Garrigues.

Panorama pris du Minaret de la Grande Mosquée.

ville, mais aux environs de la capitale, d'autres petites villes s'étaient élevées autour des palais et des châteaux des souverains Aglabites, Raccada, Mansouriah, Abbassia, etc. Raccada, « la dormeuse » jouissait d'un climat si agréable que Ibrahim el Aglab s'y était fait bâtir un

Cliché Sadoux.

Cour de la Grande Mosquée. Tympan d'arcades au portique ouest.

palais splendide; il y demeurait constamment, car c'est là seulement qu'il avait pu goûter le repos (d'où son nom Raccada, la dormeuse, ou plutôt celle où l'on dort).

Ibrahim el Aglab, — dont le chroniqueur raconte qu'il avait accueilli l'ambassadeur de Charlemagne, au château du Fossé, dans un décor merveilleux de luxe, de soldats, de costumes, — a été nommé, non sans exagération peut-être, le Louis XIV de la Tunisie. Son luxe, son amour des édifices splendides sont restés vivants dans les traditions locales ; c'est lui qui avait creusé au nord de la ville cet énorme réservoir circulaire double, qui existe encore de nos jours et qu'on appelle les citernes des Aglabites. Ces réservoirs sont constitués par deux citernes circulaires découvertes, épaulées par de puissants contreforts cylindriques et communiquant entre elles par une série de voûtes en plein-cintre. Les eaux de l'oued Merg-el-lil lorsqu'elles débordaient, étaient recueillies par

Cliché Neurdein.

Cour et Minaret de la grande Mosquée.

la plus petite où elles séjournaient assez longtemps pour que les impuretés qu'elles contiennent se déposassent. Ensuite elles se rendaient dans la plus grande d'où très probablement elles étaient conduites par des canaux souterrains jusque dans la ville même. Aujourd'hui ces réservoirs servent de trop-plein à l'aqueduc souterrain qui amène à Kairouan depuis quelques années l'eau de Cherichira. Au milieu de ce dernier réservoir s'élevait un kiosque sur plan carré, surmonté d'une coupole, et si élevé que c'est à peine si un archer vigoureux posté sur le bord de ce réservoir réussissait à atteindre de ses flèches le sommet de cette tour.

Les palais, la petite ville qui entouraient ces réservoirs ont disparu.

Nous ne les connaissons que par les récits des historiens, mais bien que leur distance de Kairouan et leur orientation par rapport à cette ville soient connues, leurs ruines ont été tellement bouleversées qu'on n'a pas encore su en indiquer jusqu'ici l'emplacement exact.

Cliché Neurdein.

Une des portes de la façade occidentale de la grande Mosquée.

Le réservoir des Aglabites, la citerne carrée que Ziadet Allah avait fait construire près de la porte de Tunis, la grande mosquée existent encore, et témoignent de la splendeur des règnes de ces petits souverains.

Lorsque le Mehdi Obeïd Allah eut détruit la puissance des Aglabites et transporté la capitale de son empire dans la ville de Mahdia qu'il venait de fonder, sur le cap Africa, Kairouan fut cependant encore embellie par les Zirides. Un de ceux-ci, Abou Temmin el Moez, chercha même un moment à enrichir encore la grande mosquée ; c'est à lui, comme nous le verrons plus loin qu'est due la belle clôture en bois

Cliché Saladin.

Vue prise du haut de la porte de la Kasba.

ajouré, ou *Maksoura*, qui se trouve à droite du Mihrab. Mais Kairouan n'était plus la capitale.

Quand el Moezz eut envoyé à la conquête de l'Egypte son général Djohar, l'affranchi sicilien, et eut constaté la richesse extraordinaire de son nouveau royaume, il se décida à abandonner l'Ifrikia, et après avoir chargé sur de nombreux mulets tous les trésors que ses prédécesseurs avaient entassés à Mahdia, il établit définitivement la dynastie fatimite en Egypte où, à côté de la ville d'Amrou et de celle des Toulounides, il fit construire sa nouvelle capitale El Kahira que ses successeurs devaient embellir par tant d'œuvres d'art et qui est le Caire actuel.

La Tunisie gouvernée par son lieutenant Bologguin ibn Ziri et par ses successeurs n'était plus qu'une province de l'empire fatimite jusqu'au jour où Abou Temmin el Moezz voulant se rendre indépendant du calife

Cliché Saladin.

Deux petites mendiantes.

fatimite du Caire, Mostancer, se déclara vassal des Abbassides de Bagdad, en arbora le drapeau noir, reçut l'investiture et fit prononcer en leur nom la khotba dans la grande mosquée.

Mostancer, furieux de cette défection trouva rapidement le moyen de l'en punir. Deux tribus arabes de l'Yémen, les Beni Hillal et les Beni Soleim, pillards incorrigibles, dévastaient par leurs razzias une partie des provinces les plus riches de l'Egypte. Je vous donne, leur dit Mostancer, le Magreb, je vous le livre avec toutes ses richesses. Pour accentuer encore ses promesses, il fit donner à chaque guerrier qui passait la frontière occidentale de l'Egypte un dinar et un vêtement d'honneur.

C'était livrer l'Ifrikia au pillage et à la ruine. En vain le Ziride s'allia avec les sultans hammadites de la Kalaa des Beni Hammad. Les envahisseurs arabes balayèrent tout sur leur passage; Kairouan fut enlevée et pillée; la Kalaa fut abandonnée par En Nacer qui fit de Bougie sa capitale.

Cliché Garrigues.

Maison dans le quartier des Chortas.

Celle-ci, grâce à la position très forte de la ville put résister aux Arabes. les campagnes furent dévastées, les villages brûlés et la plus grande partie de l'Afrique musulmane fut réduite à ne plus être, au moins dans l'intérieur, qu'une vaste solitude, terrain de parcours pour les pasteurs des tribus nomades.

La décadence de Kairouan était donc irrémédiable. On retrouve bien dans certaines inscriptions de la grande mosquée la mention de travaux exécutés par les Hafsides, comme celles que j'ai citées dans ma monographie de Sidi Okba et dont je rapporte ici la suivante :

Au nom de Dieu clément et miséricordieux, que Dieu répande ses bénédictions sur notre seigneur Mohamed et sur sa famille et qu'il leur accorde le salut.

A ordonné la construction de cette porte notre seigneur et maître, le Calife, le pontife el Mostancer Billah le fortifié de Dieu, le prince des croyants Abou Hafs fils des princes orthodoxes.

Que Dieu éternise leur autorité et qu'il accroisse leur triomphe, qu'il double leur récompense et leur salaire et qu'il fasse que les œuvres vertueuses constituent leur trésor; et cela en l'année 693[1].

(Trad. de O. Houdas).

On voit bien aussi en examinant les nombreuses petites mosquées ou zaouïas de la ville sainte, que la plupart d'entre elles ont été fondées ou restaurées par les souverains de la dynastie husseïnite, dynastie encore régnante. Bien qu'un certain nombre de ces édifices ne manquent pas d'intérêt, il est impossible de voir dans la période de prospérité relative pendant laquelle ils ont été construits, une période comparable à l'époque des Aglabites.

Aujourd'hui une petite ville française s'est développée à côté de la ville arabe. Des maisons confortables, des hôtels, des magasins, une gare, un contrôle, le tout sans grand caractère, accusent cependant une renaissance économique qui peut faire prévoir pour plus tard une Kairouan nouvelle, riche et prospère.

La ville arabe a été religieusement respectée, mais assainie. Dans son enceinte de murailles crénelées, avec ses tours imposantes, ses portes massives, les nombreux dômes de ses zaouïas et de ses mosquées, que domine la majestueuse silhouette de l'énorme minaret de la grande mosquée, elle paraît encore intacte et a gardé plus que Tunis encore son caractère d'originalité pittoresque.

Plus qu'à Tunis la famille arabe y est close et renfermée, les femmes y sont voilées et souvent drapées de noir, tandis que les Tunisiennes ont soit des voiles blancs, soit ces énormes *ajars*, voiles de soie tissés de dessins blancs ou bleus sur fond rouge, qui sont d'un effet si somptueux.

[1] 1293 de l'ère chrétienne.

Les Souks y sont pittoresques bien que beaucoup moins importants que ceux de Tunis; les Arabes de l'intérieur qui viennent ou vendre leurs denrées dans la ville, ou y acheter les objets dont ils ont besoin coudoient en rangs pressés les Kairouanais dont le costume est à peu de chose près le même que celui des Tunisiens.

Les Zlass, tribu nomade, dont les douars s'étendent au nord-ouest de Kairouan se distinguent au milieu de cette foule par la façon magistrale

Cliché Neurdein.

La rue principale.

dont ils se drapent dans leurs haïcks. La proximité de leur pays en a fait les principaux clients de Kairouan, aussi une grande partie du faubourg occidental de cette ville en est-elle peuplée, c'est pour cette raison que ce faubourg est généralement appelé faubourg des Zlass.

L'industrie actuelle de Kairouan se borne à la fabrication d'ustensiles primitifs, d'outils pour l'agriculture, de grossiers objets de dinanderie, aiguières, plateaux, coupes, etc., exécutés en cuivre rouge; il est impossible d'y retrouver la moindre survivance de l'art d'autrefois. Seule l'industrie des tapis est représentée par de rares spécimens dans lesquels malheureusement les laines teintes aux couleurs d'aniline sont juxtaposées aux laines teintes à l'aide des procédés traditionnels.

Ces tapis ne diffèrent pas beaucoup de ceux qui sont fabriqués encore de nos jours dans presque toutes les tribus nomades de la Tunisie, mais ces derniers conservent des tonalités plus harmonieuses et des dessins mieux composés, d'abord parce que l'usage des teintures à l'aniline n'est pas entré dans la pratique de ces ouvrières primitives (ce sont toujours les femmes qui tissent les tapis), ensuite parce que les traditions relatives à la composition des dessins se sont transmises sans mélange d'inspirations étrangères. Ces dessins se transmettent de mère en fille, par une sorte de tradition orale qui consiste à connaître par cœur le nombre et les couleurs différentes des points qui constituent une même rangée horizontale sur le métier. Cette tradition orale est le procédé de composition des dessins des tapis, généralement et de tout temps employé en Orient.

Une autre industrie locale, analogue, est celle qui consiste à broder de dessins géométriques en points de laine blanche, les couvertures de lit en laine à rayures de plusieurs couleurs. Ces couvertures ainsi brodées se nomment *margoums*, et je ne les ai trouvées en Tunisie qu'à Kairouan.

Enfin on y rencontre encore quelques ouvriers capables de sculpter la pierre, de faire en plâtre des découpures ornementales (*noukch-hadidas*) ou d'exécuter des vitraux à jour (*chemsas*). Ces travaux sont loin d'égaler ceux des artistes tunisiens et sont d'une exécution médiocre. Ce n'est pas cependant que les bons exemples manquent à Kairouan. Dans les quelques édifices que je me propose de décrire ici, rien ne serait plus facile que de trouver d'excellents modèles, mais l'indifférence complète de la haute société musulmane à l'égard de son art national est ici, comme à Tunis, malheureusement générale.

LA GRANDE MOSQUÉE

L'édifice le plus remarquable de Kairouan est la célèbre mosquée élevée autrefois par Sidi Okba dans la ville qu'il venait de fonder.

Voici en quels termes l'auteur du *Méalim el Imane*, Ibn en Nadji, rappelle les paroles du Conquérant : « Je veux, dit-il à ses soldats, fonder ici une ville dont nous ferons notre réduit et notre place d'armes (*Quaïrouan*), qui sera une gloire pour l'Islam jusqu'à la fin des temps. » Antérieurement, le chef-lieu du gouvernement était à Zaouïla et à Barca[1]. Fondée en 50 de l'hégire[2], la ville nouvelle était terminée cinq

[1] Caudel. *Les invasions arabes*, p. 100.

[2] 670 de J.-C.

ans après. Abandonnée un moment par Okba, elle était réoccupée par lui en 62 de l'hégire.

La conquête de la Tunisie actuelle avait été rapide, en 645 de notre ère le patrice Grégoire s'était rendu indépendant de l'empire byzantin et avait fait de Suffetula (actuellement Sbeitla) sa capitale. En 646, les Arabes envahissaient le pays sous la conduite d'Abdallah-ibn-Saad, tuaient Grégoire, pillaient Sbeitla et se retiraient en Cyrénaïque avec un butin considérable. Une seconde invasion venait ensuite sous la conduite de Moawia ibn el Hadjaj. Son successeur Okba fondait Kairouan. En 683 (J.-C.) la révolte des Berbères établissait la royauté éphémère de Koceïla ; celle-ci au bout de cinq ans disparaissait, renversée par Zoheir ibn Caïs chargé par le Khalife de venger le meurtre d'Okba. Après lui Hassan ben Nôman prenait Carthage, subjuguait définitivement les Berbères commandés par la Kahena et reconstruisait la mosquée de Sidi Okba, mais cette reconstruction ne devait pas être la dernière.

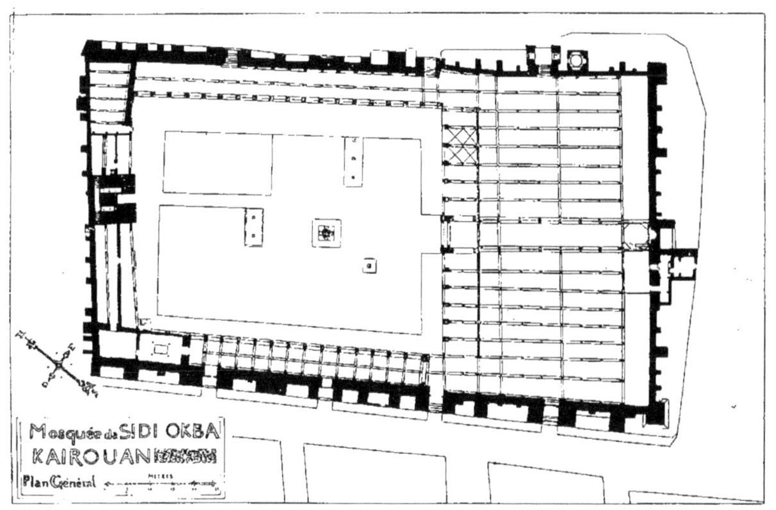

Plan de la Mosquée de Sidi Okba par H. Saladin[1].

Voici, en effet, la liste des reconstructions ou des restaurations successives dont elle fut l'objet :

[1] Ce plan est extrait de l'ouvrage de M. H. Saladin, *La mosquée de Sidi Okba*, paru dans *Les Monuments arabes de la Tunisie*, publiés par B. Roy et P. Gauckler. Paris. Leroux, 1903.

Telle qu'elle est, la mosquée actuelle remonte au règne de Ibrahim el Aglab sauf pour quelques restaurations partielles ou pour quelques adjonctions qui remontent au XIIIe siècle de notre ère [1].

Les murs de Kairouan relevés par Ibn el Achath (en 146. H. — 763. J.-C.) avaient été détruits par les Ouferdjoumma (140. H.—757 J.-C.) qui, non contents de massacrer les Koreïchites de Kairouan avaient profané la grande mosquée en y logeant leurs troupeaux. Abou Hatem

Cliché N. Gourdein.

Cour et façade intérieure de la Mosquée de Sidi Okba.

en 151 H., 768 J.-C. assiège la ville, en brûle les portes et démantèle les murailles, en 157 (773). Yézid ben el Hatem les restaure et en 185 (801) les Ouferdjoumma sont tous massacrés.

Après tous ces désastres, la nomination par le calife Haroun-al-Raschid, d'Ibrahim ibn el Aglab, de la tribu des Temmim, comme gouverneur de l'Ifrikya (la Tunisie actuelle), inaugure pour cette province et sa capitale Kairouan une ère de calme et de prospérité qui dure près de deux cents ans. Ibrahim el Aglab y rétablit la justice et gouverne avec une telle fermeté et une telle habileté que tout en restant le vassal du calife de Bagdad, il s'en rend virtuellement indépendant. Il

[1] Cf. *La mosquée de Sidi Okba*, par H. Saladin. Paris, Leroux, 1899.

fonde un empire qui ne s'effondra que sous Ziadet Allah II en 296. H. (908-9 J.-C.) devant les armées des hérétiques Ketama commandées par Abou-Abdallah-el-Mohteceb, un des compagnons du mahdi Obeïd Allah.

La splendeur de Kairouan a donc atteint son apogée sous les

Cliché Saladin.

Mosquée de Sidi Okba. Porte latérale açade est, ou porte de Lella Rejana.

souverains Aglabites. A ce moment, par des agrandissements successifs, la ville avait atteint une importance considérable. J'en rappellerai succinctement ici l'histoire :

Sous Abou Ibrahim Ahmed ben ali el abbas Mohammed (242. H. 856 J.-C. + 249. H. 862 J.-C.) avaient été construits le grand réservoir ou fesguia qui se voit encore près de la porte de Tunis, les citernes de la porte d'Abou Rebia et de Kasr el Kadim, le porche et la coupole du sud-ouest de la grande mosquée. D'autres citernes avaient été construites sous Hicham-ibn-abd-el Melek (724-743 J.-C.). Yézid bel el Hatem en 771 avait séparé les bazars de Kairouan par spécialités; leurs rues furent couvertes d'un toit.

La cour des souverains aglabites se tenait à Kairouan où les fonctionnaires et les vizirs construisirent à l'envi des palais magnifiques. A ce moment[1], Kairouan comptait quatorze portes, sept *mahrez* ou postes fortifiés (c'était de petits fortins analogues à celui qu'on nomme Kars-er Ribat à Sousse et dont la fondation est due à l'aglabite Ziadet Allah Ier); quatre se trouvaient dans la ville même, et trois en dehors de ses murs. Les murs de la ville avaient autrefois été construits en briques par Mohamed ibn el Achath en 146. H., et avaient dix coudées de large; au sud-ouest, dit el Bekri, se trouvait une porte, au sud-est celle d'Abou Rebia, à l'est celles d'Abdallah et de Nafé, au nord celle de Tunis, à l'ouest celles d'Asrem et de Selm. En 209 (824), Ziadet Allah Ier, fils d'Ibrahim el Aglab, abattit cette muraille; plus tard, après la chute des Aglabites (en 444. H.), el Moezz le Sanhadjien, fils de Bâdis et petit-fils d'El Mansour releva ces murailles et leur donna une longueur de 22.000 coudées. Vers Sabra, une double muraille réunissait la ville à ce faubourg.

Comme tous les premiers musulmans, les aglabites préférèrent bientôt à leurs palais de Kairouan les résidences qu'ils élevaient dans les environs de leur capitale. Les principales sont décrites en détail par les historiens.

Ce fut d'abord el Abbassia, ou Kasr el Kadim, fondée en 844 après J.-C. par Ibrahim el Aglab et qui fut pendant soixante-quinze ans la résidence de ses successeurs. Elle se trouvait à trois milles au sud-est de Kairouan. C'est là que Charlemagne couronné empereur, l'année même où Ibrahim fut investi du gouvernement de l'Ifrikia, lui envoya des ambassadeurs pour lui réclamer les reliques d'un saint martyr enterré à Carthage; c'est cette résidence princière qui, dans les *Annales* d'Eginhard, est appelée la citadelle du Fossé. Une ville s'était formée autour du château avec ses mosquées, son enceinte fortifiée, ses portes, ses bains, ses caravansérails, ses réservoirs, ses cimetières. Tout à côté se dressait un château nommé er-Rosâfa, en souvenir des Rosâfas des Abbassides.

[1] D'après el Bekri.

En Sâfar, 263 (873), un autre prince aglabite avait construit à quatre milles au sud-ouest de Kairouan le château de Raccada (la dormeuse), il avait 14.000 coudées de tour et la ville qui s'était construite à côté en mesurait 24.000. Ibrahim ben Ahmed ibn el Aglab en fit sa capitale et abandonna pour elle Kasr el Kadim.

Elle allait de pair avec Bagdad, rapporte Marmol. La pureté de

Cliché Neurdein.

Mosquée de Sidi Okba. Portiques.

l'air qu'on y respirait et son climat tempéré en faisaient une résidence délicieuse, et la légende qui en raconte la fondation rapporte que le souverain qui ne pouvait dormir dans son palais de Kairouan ne put trouver le sommeil que dans sa nouvelle résidence, de là son surnom Raccada, la dormeuse, comme je l'ai déjà rapporté plus haut..

La ville possédait des caravansérails, des fondouks, des bains, une mosquée et des jardins délicieux. Ziadet Allah II l'abandonna quand il s'enfuit devant Abou Abdallah ech-Chii ; Obéïd Allah y séjourna jusqu'en 308 (920).

Abandonnée, puis pillée en 333 (944), elle fut rasée par Maad el

Moezz, fils d'Ismaël el Mansour, qui fit même passer la charrue sur son emplacement. Seuls les jardins furent épargnés.

Un des derniers aglabites, Abou Abdallah Mohammed, surnommé

Cliché Neurdein.

Mosquée de Sidi Okba.

el Garanic, à cause de la passion qu'il avait pour l'élevage des grues, avait dépensé 30.000 dinars pour construire le château d'Es-Schlein où il se livrait à son sport favori.

Le dernier aglabite Ziadet Allah II après avoir été vaincu à Tunis par Abou Abdallah le Chiite, s'enfuit à Kairouan, puis à Raccada; il emballa ses trésors, ses pierreries, ses armes, ses objets précieux, choisit mille de ses esclaves les plus fidèles qu'il chargea chacun d'une ceinture contenant mille pièces d'or. Il profita de la nuit pour s'enfuir de Raccada, c'est alors que le sac de la ville et du palais fut fait par les habitants de Kairouan outrés de la lâcheté de leur souverain. La ville, le palais, tout fut pillé, on fouilla partout, on arracha les serrures et les portes, on enleva les divans de parade et on emporta tout le mobilier.

Cliché Sadoux.

Portes en bois de la grande Mosquée sur le portique nord.

En 944. H., Kairouan avait été pillée par les kharedjites d'Abou Yézid (l'homme à l'âne), mais Ismaël el Mansour, le fatimite, après avoir vaincu ce dernier, fonda près de Kairouan, Sabra ou el Mansouriya (ibn Haucal, p. 14). Il y établit sa résidence en 336 (947) et l'embellit de magnifiques bazars où se trouvaient de nombreux ateliers. La ville proprement dite avait cinq portes, elle fut abandonnée en 1154 de notre ère.

En 362 H. (973), el Moezz partait pour le Caire qui allait devenir dès lors la capitale de l'empire fatimite, il laissait pour gouverner l'Ifrikia, Bologguin ibn Ziri, fondateur de la petite dynastie des Zirides dont la cour eut un éclat splendide mais éphémère. El Moezz-ibn-Bâdis, arrière-petit-fils de Bologguin ibn Ziri reçoit à Kairouan avec le luxe le plus extraordinaire Zaouï frère de Bologguin et fils de Ziri ibn Menad (410. 1019). On peut juger de la délicatesse à laquelle l'art était alors arrivé à Kairouan par la magnifique Maksoura dont je donne plus loin la photographie et que sa grande inscription attribue à Abou Temmim el Moezz-ibn-Bâdis.

Le souverain ziride attira sur lui la colère du calife fatimite Mostancer qui régnait au Caire, en rompant les liens de vassalité qui le liaient à lui, et en rendant hommage au calife Abbasside de Bagdad. Aussi Mostancer lance-t-il sur l'Afrique les tribus arabes des Beni-Hilal et des Beni Soleim. El Moezz en 449 H. quitte Kairouan, s'enfuit devant eux et se réfugie à Mehdia. Kairouan est assiégée, prise au bout de huit mois de siège, pillée et dévastée. Depuis ce temps la vieille capitale aglabite n'est plus que l'ombre d'elle-même et il faut aller jusqu'aux Almohades, dont le fondateur, Abdel Moumen la restaure en partie (Marmol) pour en retrouver la mention dans les historiens arabes.

Plus tard, en 1347, Abou'l-Hacen le Mérinide se rend à Kairouan.

Au XVIe siècle, la vie semble y revenir, mais en 1701 le bey Mourad en détruit les murailles et les maisons, ne respectant que les mosquées et les Zaouïas; en 1740 (11 Safar 1153 H) à la suite d'une révolte des habitants, Ali Pacha en rase les murs et la Kasba avec l'aide de renforts étrangers.

Depuis cette époque, la ville s'est repeuplée et rebâtie peu à peu, grâce à l'attraction qu'exerçait sur tous les habitants de la Tunisie la renommée de ses sanctuaires et surtout de sa célèbre mosquée.

Kairouan n'était pas seulement, grâce à l'Université constituée par les savants qui se réunissaient dans sa mosquée, un centre d'instruction et de lumières purement musulmanes, assimilable, comme Marmol l'a si justement fait sentir, à ce qu'était l'Université de Paris au moyen âge. Il s'y était formé aussi des savants d'une grande renommée dans les sciences profanes. On a gardé par exemple le souvenir de deux célèbres médecins juifs de Kairouan[1], nommés tous deux Ishaq ben Amran, attachés l'un à la personne de Ziadet-Allah Ier, l'autre à celle de Ziadet-Allah II. Le dernier Ishaq ben Amran sous Ziadet Allah II fonda la célèbre école de médecine de Kairouan; à sa mort, son disciple Ishaq ben Suleïman lui succéda à la cour de Ziadet Allah III le dernier aglabite et

[1] *Recueil de Constantine*, 1867, p. 122.

fut attaché à la personne d'Abou Abdallah, fondateur de la dynastie des Obeïdites ou fatimites; il vécut sous Ismaël el Mansour[1].

La grande mosquée qui couvre un espace de 124 mètres sur 74 mètres

Cliché Saladin.

Vue intérieure de Sidi Okba sur la porte Lella Rejana.

environ, est comme on le voit un édifice considérable. Elle se compose comme toutes les grandes mosquées malékites d'un sanctuaire formé d'un certain nombre de nefs parallèles, d'une grande cour découverte entourée de portiques, et d'un minaret.

[1] Sept de ses traités traduits par le moine bénédictin Constantin de Carthage au milieu du XIe siècle ont été publiés à Leyde en 1515 sous le titre d'Opera Isaci.

Elle est isolée de trois côtés et bordée d'une rue sur le quatrième, au sud-ouest. Elle est orientée comme le sont toutes les mosquées du Magreb, au sud-sud-est, ce qui n'est que d'une façon bien approximative l'orientation de la Mecque. Les fidèles qui pendant les prières qui s'y prononcent font face au *mihrab* ou *quibla* se tournent donc vers la Mecque, c'est-à-dire vers la Kaaba qui est, comme on le sait, le véritable et seul sanctuaire musulman.

Le minaret s'élève dans la direction opposée, au nord-nord-ouest. C'est une grande tour à base carrée surmontée de merlons arrondis et que couronnent deux autres tours carrées de dimensions moindres ; la dernière est coiffée d'une coupole ogivale à côtes, et est percée de quatre ouvertures en fer à cheval dont les retombées sont soutenues par des colonnes.

L'aspect extérieur que présente ce vénérable édifice est plein de sévérité et de grandeur. Bien que les façades latérales ne soient percées que de rares ouvertures (ce sont les portes qui donnent accès soit dans la mosquée proprement dite, soit dans les portiques de la cour) et que les contreforts qui épaulent les murs, tant des faces latérales que des faces postérieures soient souvent disposés maladroitement par suite de consolidations successives, l'ensemble n'en n'est pas moins imposant. Seules, les coupoles de la nef centrale, celles des portes de la face ouest-nord-ouest et du portail de Lella Réjana se silhouettent avec le minaret, au-dessus de la crête des murs.

La cour intérieure elle aussi est pleine de majesté, avec ses portiques à deux nefs, bordés d'arcades ogivales à peine outre-passées que soutiennent de nombreuses colonnes de marbres divers, de granit ou même de porphyre qui ont été empruntées comme celles de la mosquée elle-même à des monuments antiques et à des monuments byzantins [1].

Le minaret qui se détache sur le ciel avec une majesté presque sauvage s'ouvre sur la cour par une porte rectangulaire dont le chambranle et le linteau sont des fragments antiques, soffites d'entablements d'ordre corinthien.

L'ascension au sommet de ce minaret est fort intéressante car elle permet de se rendre compte des dimensions relatives des différentes parties de l'édifice, des portiques et de la cour avec son petit bassin central où les eaux pluviales qui s'écoulent des terrasses de la mosquée se rendent par des pentes ménagées sur le dallage en marbre pour remplir les citernes

[1] Je crois avoir prouvé dans la monographie que j'ai donnée de cette mosquée que la plupart de ces colonnes et de leurs chapiteaux proviennent des édifices de Carthage.

qui ont été disposées sous la cour elle-même et qui sont destinées non seulement à l'usage de la mosquée, mais encore à l'approvisionnement du quartier qui l'environne.

On remarque particulièrement les terrasses qui couvrent la mosquée,

Cliché Saladin.

Mosquée de Sidi Okba. — Vue intérieure sur une des portes de la façade occidentale.

avec les petites murettes de pierre qui en accusent les nefs, la nef principale surélevée au-dessus des autres, les deux coupoles à côtes qui en surmontent les deux extrémités.

Puis ce sont les innombrables terrasses des maisons de la ville avec les coupoles des Zaouïas, les minarets et les terrasses des mosquées, les lignes crénelées des remparts au delà desquelles on aperçoit les cinq coupoles de Sidi-Amor-Abbada, au loin enfin la silhouette indécise de la mosquée du Barbier du Prophète fondée par Abou-Zoumat Obeïd Allah ibn Adam el Belaoui. Au delà encore s'étale la plaine indéfinie; à son extrémité on aperçoit les silhouettes des montagnes du Djebel Trozza qui lorsque le temps est chaud et la lumière aveuglante paraissent, à cause du mirage, s'élever au-dessus de grands lacs ou d'immenses sebkhas.

La mosquée proprement dite se compose, comme je l'ai déjà dit, d'une succession de nefs parallèles formées d'arcades que supportent de nombreuses colonnes de marbre, de granit ou de porphyre. La nef centrale et celle qui est parallèle au mur du mihrab (et qui est de la même hauteur que cette dernière) sont disposées deux par deux et même par endroits trois par trois.

Toutes ces colonnes sont surmontées de chapiteaux de marbre, corinthiens, composites, byzantins de toute forme et de toute grandeur; ils sont reliés entre eux, au-dessus des tailloirs, par des tirants en bois auxquels sont suspendues les nombreuses lampes en verre qui éclairent la mosquée. Malgré la diversité de ces éléments, l'aspect de cette mosquée présente un ensemble majestueux et presque mystérieux, à cause du demi-jour qui y règne, et de la multiplicité de ces colonnes ou de ces arcs au travers desquels le regard a de la peine au premier abord à s'orienter.

Ces nefs aboutissent à un double portique qui s'ouvre sur la cour par une fort belle façade composée d'un motif central consistant en une arcade robuste surmontée d'un mur crénelé. Derrière ce mur s'élève une sorte de tour carrée qui supporte la coupole antérieure côtelée; celle-ci repose sur un tambour dodécagonal percé de petites baies rectangulaires que sertissent des arcades à peine défoncées.

De chaque côté de ce motif principal et correspondant aux nefs intérieures se déploie une série de six arcades légèrement ogivales et outrepassées à peine. Cette façade porte la trace de nombreux remaniements, mais elle a néanmoins conservé son caractère de simplicité et de force.

Ce portique antérieur était autrefois dallé d'une sorte de ciment coloré en rouge d'un fort bel effet. On y a continué récemment le dallage en marbre dont on a recouvert toute la cour intérieure en remplacement du dallage ancien, irrégulier et tapissé d'herbes folles que j'ai vu en 1882. De place en place, des margelles en pierre creusées dans des bases antiques servent à puiser l'eau des citernes souterraines.

La nef centrale et les nefs secondaires sont fermées sur le portique antérieur par de superbes portes en menuiserie dont les vantaux qui se replient chacun en deux pièces permettent d'ouvrir complètement la mosquée sur la cour. Cela permet pendant les grandes fêtes musulmanes, aux croyants qui ne peuvent pas se tenir dans la mosquée à cause de l'affluence, d'assister aux cérémonies en se tenant sous les portiques antérieurs.

Cliché Saladin.

Intérieur de la grande Mosquée.

On pénètre dans la mosquée, non seulement par les deux belles portes des portiques latéraux percées dans l'axe des portiques antérieurs, mais encore par des portes qui donnent un accès direct dans la mosquée. Ces deux portes ont été élevées par le sultan Hafside Mostancer en 793 comme nous l'avons vu (Inscription traduite par M. Houdas et que j'ai reproduite page 108).

Celle de ces deux portes qui se trouve à l'ouest s'ouvre sous un fort beau porche, surmonté d'une coupole à côtes, qui date, m'a-t-on dit, du XVIIe siècle. Ce porche dont les arcades sont supportées par des colonnes antiques porte le nom de Bab-Lella-Rejana (Lella Rejana est une sainte musulmane dont le petit tombeau se trouve à côté de ce porche).

La nef centrale de la mosquée, comme je l'ai dit plus haut, est plus large que les autres, car c'est celle qui correspond au mihrab, c'est-à-dire à la niche sainte vers laquelle tous les musulmans se tournent au moment

Cliché Sadoux.

Mosquée de Sidi Okba. Angle de la Maksoura d'Abou-Temmim el Moezz.

de la prière. Cette nef est décorée de plusieurs énormes lustres en bronze sur lesquels sont appliquées d'innombrables petites lampes en verre.

Le mihrab qui a été refait par ordre de Ziadet Allah Ier est en dalles de marbre sculptées et pour la plupart percées à jour. Elles sont ainsi disposées, pour permettre aux fidèles de voir l'ancien mihrab de Sidi Okba, sans toutefois pouvoir le toucher, car dans leur dévotion un peu indiscrète, ils allaient jusqu'à en détacher des fragments qu'ils emportaient comme des reliques.

Ce mihrab est fort beau avec ses sculptures sur marbre (malheureusement badigeonnées de vert et de rouge d'un goût douteux) et ses colonnes de brèche multicolore surmontées de chapiteaux byzantins et de robustes tailloirs sur lesquels se lisent des versets du Coran. Autrefois tout ce mur du mihrab était revêtu de faïences à reflets métalliques dont je raconterai plus loin la légende. Ces faïences déposées par el Moezz qui voulait modifier le mihrab furent brisées en partie lors de leur dépose, et quand le souverain fut forcé, devant le mécontentement des habitants de Kai-

Cliché Sadoux.

Le mimber et le mihrab de la Mosquée de Sidi Okba.

rouan de renoncer à son entreprise, il ne put que faire reposer celles de ces faïences qui étaient restées intactes, c'est ce qui explique leur disposition un peu singulière.

Les colonnes du mihrab ont leur légende. Elles auraient été arrachées à une église chétienne (de Carthage probablement), et l'empereur de Constantinople aurait demandé de les racheter pour leur poids d'or, au sultan aglabite qui en avait orné le mihrab de la grande mosquée de Kairouan.

Les colonnes de porphyre, de marbre et de granit qui soutiennent le dôme élevé au point de croisement de la nef centrale et de la nef parallèle au mur du mihrab, sont de toute beauté ainsi que la décoration intérieure de ce dôme qui repose sur quatre grandes trompes en quart de sphère sculptées en forme de coquilles à côtes ; près du mihrab se trouve le fameux mimber, ou chaire à prêcher, monument unique de l'art de la sculpture sur bois au IXe siècle de notre ère.

Il serait trop long d'en donner ici la description, chacun des panneaux dont cette chaire est composée mériterait une description spéciale et je ne

Cliché Sadoux.

Détail de la face latérale gauche du mimber ou chaire de la grande Mosquée.

puis que renvoyer mes lecteurs à l'étude que j'en ai donnée dans ma monographie de la grande mosquée de Kairouan.

Qu'il me suffise de dire qu'on y trouve les motifs les plus variés d'ornementation rectiligne ou curviligne et que si certains de ces panneaux ressemblent étrangement à certaines œuvres antiques comme tracé et comme dessin, d'autres rappellent certaines sculptures romanes de nos XIe et XIIe siècles (qui seraient par conséquent dues à une inspiration orientale, puisque ces panneaux proviennent en tout ou en partie de Bagdad), d'autres enfin par leur style très particulier rappellent certains motifs d'ornementation sassanide.

Mais voici la légende qui se rapporte au mimber et au mihrab, telle qu'elle m'a été racontée par un des cheicks de la mosquée en 1882 :

Lorsque Ibrahim el Aglab fit reconstruire la mosquée de Sidi Okba, et en particulier le dôme qui surmonte le mihrab, il avait fait venir de Bagdad des carreaux de faïence dont il voulait embellir son palais, ainsi que des cithares en bois de platane sculpté pour les musiciennes qu'il entre-

Cliché Neurdein.

Intérieur de la grande Mosquée.

tenait à sa Cour. En même temps, fort probablement, il avait fait venir aussi de Bagdad des artistes pour contribuer à la décoration de sa mosquée, par des sculptures et des peintures.

Quoique bon musulman, Ibrahim el Aglab n'en avait pas moins comme beaucoup de ses contemporains une grande faiblesse pour la dive bouteille. Nous savons que les poètes de la cour des Abbassides ne se faisaient pas faute de célébrer le vin dans leurs œuvres. Les Califes eux-mêmes, tout lieutenants du prophète qu'ils étaient, succombaient souvent à la tentation. Rien d'étonnant que leur vassal, Ibrahim el Aglab en fit autant, du moins en cachette.

Un jour donc, qu'il avait abusé plus que d'ordinaire des douceurs du vin qui, comme on le sait, a été malgré les défenses du Coran, un des vices préférés des arabes du califat de Bagdad, il perdit complètement la tête, et l'idée lui vint de se faire adorer comme un dieu, par ses femmes.

Porte de la Maksoura de la Mosquée de Sidi Okba
d'après une aquarelle de H. Saladin.

Le lendemain, lorsque les fumées de l'ivresse furent dissipées et qu'on lui eût appris ses excès sacrilèges de la veille, il fut pénétré de remords et ne sût quel parti prendre pour expier cette faute qui, pour un bon croyant, était un véritable crime. Il fit mander auprès de lui le grand muphti de Kairouan et lui fit une confession en règle de ce qu'il avait fait en lui demandant comment il devait s'y prendre pour expier son erreur criminelle.

Le saint personnage, après avoir mûrement réfléchi lui répondit que pour racheter sa faute, c'était à Dieu qu'il fallait offrir son expiation ;

Cliché Neurdein.

Zaouïa de Sidi-el-Alleni.

rien ne lui paraissait plus susceptible d'attirer sur lui la miséricorde divine, que d'embellir par de nouvelles largesses la mosquée dont il avait entrepris la reconstruction, en donnant à Dieu ce qu'il avait destiné à l'embellissement de son palais et au luxe de sa cour. Ibrahim le comprit si bien qu'il consacra à la décoration du mur du mihrab ces merveilleuses faïences à reflets métalliques qu'il avait fait venir de Bagdad, et que, des bois sculptés destinés à faire les cithares de ses musiciennes, il fit composer le magnifique mimber que nous avons admiré chaque fois que nous sommes allé à Kairouan. Les textes que j'ai pu réunir sur ce point ne permettent malheureusement, pas plus que l'examen des monuments, de contrôler l'exactitude de cette légende d'une façon absolue, mais telle qu'elle m'a été contée dans sa naïveté, elle peint assez exactement l'état d'âme de ces souverains des premiers temps de l'hégire.

Ce qui pourrait néanmoins donner à ce récit une certaine probabilité, c'est qu'on remarque d'abord la diversité et le manque de régularité de la plupart des panneaux qui composent cette chaire. Malgré l'habileté avec laquelle ils ont été sertis dans une série de montants et de traverses sculptés avec une délicatesse remarquable, et complétés par des rampes qui sont traitées dans un esprit absolument identique au style des panneaux rectangulaires, ceux-ci présentent un ensemble assez disparate au premier aspect.

Cette chaire, dont l'ossature vermoulue menaçait ruine a été récemment, de la part de l'administration des Habous, l'objet de travaux de consolidation et de restauration qui, nous l'espérons, conserveront à ce vénérable monument son caractère intact, et permettront de le maintenir en place et de le laisser servir de chaire à la grande mosquée, sans que le prédicateur qui y montera, risque comme autrefois, de le voir s'écrouler sous son poids.

Avec quelques plafonds peints qui subsistent encore de la dernière restauration de la mosquée, mais qui à cause de l'obscurité sont assez difficiles à étudier en détail, avec la chaire, le mihrab, la belle clôture à jour ou *maksoura* que Abou Temmim el Moezz ibn Bâdis fit élever près du sanctuaire et qui est encore presque intacte, avec les vitraux de couleur qui subsistent aussi, on peut se faire une idée assez exacte de la splendeur que présentait cette mosquée. Aux jours de grandes fêtes la nudité de ses murs disparaissait sous les tentures richement brodées qu'on tendait sur leurs parois; l'éclat de centaines de lampes appendues de tous côtés, prolongeait indéfiniment la longueur des nefs et se réfléchissait sur les colonnes de marbre ou de porphyre polis, sur les faïences et les marbres dont le mur du mihrab était revêtu.

Ce n'était certes pas la splendeur des mosquées de Syrie, par exemple de la mosquée des Omeyades à Damas, de celle d'El Aksa à Jérusalem, de la mosquée d'Omar, nommée par les arabes Koubb-et-es-Sakhra dans lesquelles la splendeur de la décoration avait demandé à l'art byzantin ses placages de marbre, ses colonnes aux chapiteaux dorés, ses plafonds peints, et suprême expression de l'art décoratif, ses mosaïques d'émail et d'or dont nous pouvons encore admirer sur place l'éclat merveilleux, l'harmonie, la distinction, l'opulence inouïe. La beauté de Sidi Okba, plus sévère, peut-être même un peu barbare, est surtout impressionnante, elle devait l'être tout à fait lorsque la foule des croyants se pressait sous ses nefs, sous ses por-

Cliché Neurdein.

Vue de la Mosquée du bey et de Bir-el-Barrouta.

tiques pour entendre la parole enflammée des premiers prédicateurs de l'Islam, encore tout pleins de cet enthousiasme religieux qui avait lancé sur l'Orient et sur l'Occident les armées victorieuses des musulmans.

Les autres mosquées de Kairouan telles que Djama Abd-el-Melek, Djama el Bey, etc., ne présentent qu'un intérêt médiocre, je dois cependant citer les deux suivantes à cause de leur ancienneté :

L'une, celle des Ansars, ou mosquée de l'olivier, fondée en 47 de l'Hégire par Rouifa ben Tsabit el Ansari, un des Ansars, ou compagnons du prophète, restaurée en 1060 de l'Hégire, ne m'a pas paru contenir quoi que ce soit de bien intéressant.

L'autre, la mosquée aux trois portes construite par le savant Mohamed ben Khéiroun el Maaferi el Andoulsi el Kortobi (tué en 301 de l'Hégire par ordre de Obeïd Allah le Mahdi et enterré à Bab es Selam à Kairouan) fut restaurée en 1440 de notre ère et en 1509. C'est probablement

Cliché Saladin.

Mosquée des trois portes.

au moment de ces restaurations qu'on a replacé dans un ordre un peu incohérent les divers fragments d'ornements datant de la construction primitive; ils forment actuellement, avec l'inscription commémorative le couronnement de toute la partie supérieure de la façade de ce petit édifice.

Les Zaouïas sont tantôt des écoles attenant à un tombeau d'un saint personnage, tantôt des centres d'études qui sont attachées à la chapelle d'une congrégation religieuse. Elles sont nombreuses à Kairouan et les dômes de leurs nombreuses chapelles sont un des éléments les plus pittoresques de la silhouette de la vieille ville arabe. Je citerai parmi celles de la première catégorie, celles de Sidi Abid el Gahriani, de Si Mohamed el Aouani, de Sidi Ali el Ouaïchi qui toutes à côté de la tombe d'un saint personnage abritent une école plus ou moins étendue. Celle de Sidi

Cliché C. Boulenger.

Cour intérieure de la Zaouïa de Sidi Abid el Gahriani.

Abid el Gahriani qui est une des plus élégantes, comporte un plan assez compliqué. D'un côté, autour d'un patio à deux étages, on voit une petite mosquée et des salles de cours. Le tombeau de Sidi Abid entouré d'une grille en fer forgé, recouvert d'un catafalque sur lequel sont étendus des tapis et de riches étoffes, est placé dans une salle décorée de faïences, de stucs découpés et de vitraux de couleur, avec un plafond peint d'une délicatesse et d'un goût remarquables, comparable aux plus beaux plafonds peints de Tunis et d'Espagne. D'un autre côté se trouvent le bâtiment destiné au logement du personnel et des étudiants, bâtiment qui se prolonge en partie sur le patio de la mosquée, la cour des ablutions et quelques dépendances.

La seconde catégorie de ces Zaouïas que l'on pourrait appeler les Zaouïas congréganistes sont celles de Sidi abd-el Khader el Djilani, ou Zaouïa des Khadrias, à l'ouest de la grande mosquée; celle des Tidjaniya; et en dehors de Bab-Djelladin, la Zaouïa de Sidi Mohammed ben Aïssa de Meknès, ou Zaouïa de la confrérie des Aïssaouas dans laquelle j'ai assisté jadis à une séance des singulières cérémonies de ces barbares énergumènes.

Kairouan qui ne possède pas de sources naturelles était autrefois approvisionnée d'eau par les citernes de toutes les maisons, mosquées ou Zaouïas, et de plus par une série de grands réservoirs clos de murs, en partie découverts, en partie voûtés, comme la fesguia qui se trouve près de la porte de Tunis au nord de la ville, celle qui est nommée Bir el Bey à l'ouest, et la Msala Darb-et-Tamar au sud, sorte de grande esplanade dallée en ciment qui sert de pluviomètre géant et où les eaux pluviales qui y sont recueillies s'amassent dans une série de chambres voûtées. Cette msala est un lieu de prières car un mihrab a été pratiqué dans son mur de clôture au sud. C'est là, paraît-il, qu'on porte souvent les civières sur lesquelles sont posés les gens qu'on va enterrer et qu'on prononce sur eux les dernières prières. Je ne parle pas des citernes rondes, ou citernes des Aglabites que j'ai déjà mentionnées plus haut.

Kairouan est entourée de nombreux cimetières dont quelques-uns contiennent des tombes très anciennes couvertes de fort belles inscriptions. Au milieu de ces tombes sont de petites coupoles qui abritent les sépultures de personnages célèbres dans l'histoire de Kairouan, ainsi par exemple, celle de Sidi Sahnoun, un des plus célèbres jurisconsultes tunisiens qui vivait sous les Aglabites vers le milieu du IXe siècle de notre ère (+ 240 H. 854. J.-C.).

Au delà de ces cimetières, c'est la plaine déserte et nue. Vers le nord-ouest deux édifices doivent cependant attirer notre attention.

Le premier, le plus rapproché de la ville est le tombeau ou mosquée funéraire de Si Amor Abbada. Ce saint musulman est un saint moderne, car il n'est mort qu'en 1871. La mosquée est située à la limite extrême du faubourg des Zlass. Elle est, comme on le voit sur la gravure, couronnée de cinq coupoles à côtes dont la silhouette bien qu'un peu grossière à voir de près, n'en est pas moins très pittoresque.

Cet Amor Abbada qui était fort malin sut feindre la folie et se faire passer pour saint. Il avait été forgeron dans sa jeunesse et se plaisait à graver sur des sabres (qui sont conservés encore près de son tombeau) des inscriptions plus ou moins incohérentes, mais dont l'une, paraît-il, prédit l'entrée des Français à Kairouan. D'énormes pipes, des ancres gigantesques qu'il y fit transporter de Porto Farina s'y voient aussi. Rien de tout cela n'est bien intéressant, si ce n'est cette mosquée construite avec le produit des aumônes qu'il recueillait, et qui bien que moderne reproduit, chose bien curieuse, des types fort anciens de construction de coupoles sur trompes. Je ne la mentionne que pour signaler cette singulière survivance.

Cliché Neurdein.

Environs de Kairouan. — Mosquée du Barbier. Vue de la cour d'entrée.

L'autre mosquée qui est à un kilomètre de la ville, est la fameuse mosquée du Barbier du Prophète, Abou-Zoumat Obeïd Allah ibn Adam el Belaouï, qui dit-on y est enterré ; elle renferme aussi quelques poils de la barbe du Prophète. Cette mosquée est plutôt une grande Zaouïa, et comprend un grand nombre de bâtiments. On entre d'abord dans une grande cour sur une des faces de laquelle, à gauche, s'ouvrent les portes qui donnent accès à la Zaouïa proprement dite, logements du personnel, des étudiants et des professeurs et petite mosquée rectangulaire à nefs parallèles. C'est, je crois, la partie la plus ancienne du monument. A droite, la cour est clôturée par des arcades aveuglées et voûtées, probablement destinées à abriter les montures des visiteurs.

En face, et à droite du minaret à base carrée, s'ouvre sous une grande arcade à voussoirs blancs et noirs, une porte rectangulaire donnant accès dans une petite salle ornée de fort belles faïences anciennes qui représentent des vases de fleurs s'épanouissant sous des arcades outrepassées à voussoirs noirs et blancs. Cette salle est couverte par un plafond à caissons peints dans une harmonie un peu rousse d'ensemble mais dont la tonalité générale est charmante. On passe de là dans une sorte d'atrium rectangulaire bordé de portiques à arcades et décoré des mêmes faïences, pour entrer ensuite dans une salle à coupole entièrement décorée de ces stucs découpés dont nous avons déjà admiré de si beaux spécimens à Tunis. Relativement moderne, elle n'en est pas moins d'une exécution remarquable. De charmants vitraux sertis dans des arabesques de plâtre ajouré y dispensent une lumière colorée pleine de charme. Enfin on pénètre dans la cour même du sanctuaire. Cette cour, toute ornée de faïences anciennes (au moins pour la plupart), bordée d'arcades élégantes soutenues par de fines colonnettes de marbre blanc, dallée aussi de marbre blanc est d'un aspect ravissant; des frises de plâtre découpé, des plafonds peints aux caissons et aux poutres ornés de stalactites ou d'arcatures délicatement sculptées, qui sont certainement une des œuvres les plus décoratives qu'on puisse admirer à Kairouan, lui donnent plus de prix encore. Ces plafonds sont cependant presque contemporains puisque sur l'un d'eux on peut lire la signature de l'artiste qui l'a peint et qui n'est mort que quelques années avant l'établissement du protectorat français en Tunisie. C'est d'un art analogue à celui du palais de la Manouba, que j'ai déjà décrit, et qui bien que d'une date relativement récente n'en présente pas moins tous les caractères d'un art plein de charme et de délicatesse.

Quoique j'accorde aux œuvres anciennes de l'art arabe toute l'admiration qui leur est due, je croirais être injuste si je n'insistais pas sur la qualité des œuvres de l'art arabe de Tunisie du XVIIe, du XVIIIe et du commencement du XIXe siècle; on y retrouve souvent des réminiscences et des souvenirs des plus beaux monuments que l'art arabe d'Andalousie nous a laissés. Ces œuvres sont très près de nous, ne serait-ce pas une raison pour y trouver des inspirations quand des décorations un peu importantes doivent être exécutées de nos jours en Tunisie? Ces exemples sont sous les yeux des architectes locaux, indigènes ou français. Que n'y cherchent-ils des motifs à imiter au lieu de tenter d'importer sur la terre africaine ce modern-style si peu défini et qu'il est si facile d'interpréter médiocrement, même quand on ne sait pas grand'chose. Je sais bien que

..... Pictoribus atque poetis
« Quœlibet audendi semper fuit œqua potestas. »

Mais il y a manière, et quand on pense aux trésors d'art que con-

Cliché H. Dufour.

Environs de Kairouan. — Mosquée du Barbier. 1er patio.

tiennent les monuments de Tunis et le musée du Bardo, on s'étonne que ni des innombrables fragments antiques tirés du sol tunisien, ni des merveilleuses mosaïques antiques, ni des décorations des maisons et palais arabes aucun artiste local n'ait su tirer un bon parti.

Les artistes de la première renaissance nous avaient cependant montré combien par une interprétation non pas servile, mais large et intelligente, il était possible de former avec un nombre limité de motifs tirés de l'art antique une architecture nouvelle, savoureuse et originale. Notre France est pleine de ces œuvres où revit avec une nouvelle jeunesse et une expression bien française, tout ce que l'antiquité avait jadis pu trouver de motifs ingénieux et délicats. A-t-on jusqu'ici fait seulement des tentatives suivies pour connaître cet art arabe de Tunisie qui est sous nos yeux, dont les procédés d'exécution et de décoration sont si simples et si ingénieux, et qui souvent, par certains côtés, touche un peu, par une certaine influence reçue de l'Italie, à la Renaissance florentine? Ces portiques, à arcades à rez-de-chaussée, à plates-bandes au premier étage, ne sont-ils pas d'un aspect tout florentin et de proportions charmantes? Mais l'Italie me ramène à la mosquée du Barbier, car c'est par une porte en marbre d'un rococo indiscutable qu'on pénètre, des portiques de la cour dans la chapelle voûtée en coupole qui abrite la sépulture d'Abou Zoumat el Belouï. Cette sépulture est recouverte d'un catafalque entouré d'une grille; des tapis, des étoffes, des faïences, des lustres européens en cristal, des pendules, des drapeaux de toute sorte font autour de ce tombeau vénéré une cacophonie de bric-à-brac dont je n'ai gardé qu'un médiocre souvenir. Si je mets à part quelques beaux tapis ou quelques belles étoffes, je ne vois rien à signaler ici, bien que pour moi, ce serait là qu'on aurait dû accumuler de véritables œuvres d'art. Le goût de ceux qui ont la charge de cette chapelle funéraire n'a rien de ce qu'il fallait pour cela.

Ces portes en marbre sculpté en Italie ont aussi leur légende. Au XVIIIe siècle un riche kairouanais avait pour esclave un médecin italien qui, fait prisonnier par les corsaires barbaresques, avait été vendu à cet Arabe. Celui-ci qui était devenu gravement malade, avait été abandonné par les médecins indigènes et avait dû la santé aux soins de son esclave. Pénétré de reconnaissance il lui aurait rendu la liberté en le comblant de richesses. Ce dernier, pour ne pas être en reste avec son bienfaiteur lui aurait envoyé pour orner la Zaouïa dont il était l'administrateur, des colonnes en marbre de Carrare et les encadrements de porte et de fenêtres qui ont été employés dans cette Zaouïa, soit à la décoration de la grande cour du tombeau, soit dans d'autres parties du monument.

J'aurais dû aussi décrire quelques maisons de Kairouan. Celles que j'ai vues sont bien inférieures à celles de Tunis, mais je n'ai pu pénétrer que dans quelques-unes d'entre elles. Néanmoins au Dar-el-Bey on peut admirer de belles faïences anciennes, de beaux plafonds peints et un charmant patio au premier étage.

Dois-je conclure, après avoir fait passer sous les yeux de mes lecteurs tous ces monuments arabes de Tunisie intéressants à tant de points de vue? Je voudrais faire comprendre combien leur intérêt est grand

Cliché Neurdein.

Environs de Kairouan. — Mosquée du Barbier. Portiques du second patio.

au point de vue artistique. Je ne me dissimule pas la difficulté qu'il y a à faire entrer dans des esprits, pourtant éclairés, cette idée que l'histoire de l'art et l'archéologie sont des sciences mortes si l'on ne sait pas tirer de leur étude un profit positif, c'est-à-dire réalisable. A quoi l'étude des monuments de l'antiquité serait-elle utile, en dehors des jouissances intellectuelles qu'elles peuvent procurer aux érudits, si tous les artistes depuis le XIVe siècle en Italie et depuis la fin du XVe en France, n'y avaient cherché des inspirations variées qui se sont traduites par tant de chefs-d'œuvre d'architecture, de peinture et de sculpture? Et l'étude de nos arts du moyen âge en France, s'est-elle bornée à une admiration passive? à une érudition stérile? N'avons-nous pas vu dans toutes nos provinces, sortir des chantiers de restauration de nos églises et de nos châteaux, toute une série d'artisans habiles qui ont renouvelé presque tous les métiers du bâtiment tombés dans l'oubli au commencement du XIXe siècle; la sculpture d'ornement, la sculpture sur bois, les bronzes, la ferronnerie, la plomberie repoussée, la menuiserie, la peinture décorative, la céramique, la peinture sur verre, l'orfèvrerie, la décoration des tissus, voilà des industries d'art dont je voudrais voir comparer les productions actuelles avec ce qu'elles pouvaient être de 1815 à 1830. On a beaucoup critiqué les œuvres de nos prédécesseurs immédiats, mais n'auraient-ils fait que rétablir toutes ces industries d'art, que nous devrions leur être éternellement reconnaissants d'y avoir consacré tous leurs efforts.

Ne peut-on pas tenter plus modestement une œuvre analogue pour sauver ce qui peut rester des traditions artistiques dans le monde musulman? La curiosité qui commence à s'attacher à l'étude de ces œuvres d'art, étude un peu négligée jusqu'ici, nous permet d'espérer que ces recherches ne seront pas stériles Pour ma part, n'aurais-je fait qu'attirer sur cet art un peu méconnu l'intérêt du public éclairé, soit que cet intérêt se borne à étudier et à chercher à en comprendre les œuvres, soit qu'il s'attache à les sauver de la destruction qui les menace peut-être, soit encore que les artistes trouvent, en étudiant ces œuvres si ingénieuses et si élégantes, de nouveaux partis de composition, des procédés de construction ou de décoration à rajeunir, que j'estimerais que je n'ai perdu ma peine ni à les étudier, ni à chercher à en faire admirer la beauté.

Cliché Neurdein.

Mosquée des sabres extra-muros ou Mosquée de Sidi-Amor-Abbada.

TABLE DES ILLUSTRATIONS[1]

Panorama de Tunis pris du Dar-el-bey . . . 1
Juive en costume de ville . . . 5
Le port de la Goulette . . . 7
Fragment de stèle punique au musée de Saint-Louis, à Carthage . . . 8
Panorama de Tunis pris de la Kasba . . . 9
Mosaïque d'un palais de Carthage . . . 11
La Mosquée Zitouna et le nouveau Minaret . . . 13
Minaret de la Mosquée-el-Ksar, fondée par Hassan-ben-Nooman . . . 14
Minaret de la Mosquée de la Kasba . . . 15
Entrée de la Méda (Salle des ablutions) de la Djama Zitouna . . . 16
Tombeau du Mrad-bey et Minaret de la mosquée d'Hamouda Pacha . . . 17
L'avenue de la Marine et l'ancienne cathédrale . . . 19
Ancien débarcadère et fort de la Goulette . . . 21
Jeune fille nomade . . . 22

[1] L'auteur et l'éditeur tiennent à remercier les maisons Neurdein, Leroux, Maréchal (successeur de Garrigues), MM. Dufour, Blondel, Boulenger, photographe du Touring Club, des concours qu'ils ont bien voulu apporter à l'illustration de cet ouvrage, ainsi que M. A. Merlin, directeur du Service des Antiquités, qui nous a autorisés à reproduire les photographies de M. Sadoux. Les noms des propriétaires des clichés se trouvent sous chaque reproduction.

Une famille juive dans le Harrâ ou quartier juif. 23
Jeunes Juives de Tunis. 24
Porte d'une maison de la Médina 25
Dame Tunisienne en tenue de promenade. 26
Tenue de ville d'une femme Arabe de condition moyenne. 27
Bab-Djedid 28
Porteur d'eau ou Guerbadji 29
Panorama de Tunis. 30
Cathédrale de Carthage. 31
La mosquée de Sidi-Mahrez et le quartier de Bab-Souika. 32
Tombeau dans le Cimetière de Sidi-bel-Hassen. 33
Bab-Menara 34
Fontaine rue Souk-el-Belat 35
Coffret d'argent, travail des orfèvres Israélites de Tunis. 37
Porte de la Zaouia de Sidi-er-Rihani. 39
Rue des Andalous 40
Cour de l'ancien collège Sadiki 41
Porte d'une maison Arabe dans la Médina 43
Rue de la Médina. 44
Maison Arabe dans la Médina. 45
Palais Husseïn. Grand patio du rez-de-chaussée 46
Palais Husseïn. Patio du 1er étage. 47
Porte d'un Hammam. 48
La Campagne de Tunis. — Aqueduc romain et emplacement du Palais de Ras Tabia, vus de la Kasba 49
Poterie tunisienne des ateliers de Bab-el-Khadra 50
Souk du Dar-el-bey. 51
Dar-el-bey. Patio du 1er étage. 53
Plafond du Palais du Bey (Dar-el-bey) 54
Dar-el-bey. Porte des grands Salons sur la cour du 1er étage. 55
Koubba sur la place de la Kasba. 57
Boulevard Bab Menara et Minaret de la Mosquée de la Kasba 58
Mosquée Sidi Youssef et rue Sidi-ben-Ziad 59
Ancien Minaret (démoli) de la Mosquée el Bechir 61
Entrée de la Medersa Suleïmania 62
La Mosquée de Sidi-Mahrez et la Place Bab Souika. 63
Entrée principale de la Djama Zitouna ou grande Mosquée 65
Tourbet el bey ou tombeaux des beys. 66
Voûte en plâtre sculpté au Dar-el-bey. 67
L'ancien marché aux esclaves, dans les Souks 69
Découpure en papier sur laquelle les *Serradjines* ou Selliers font leurs broderies d'or en relief. — Modèle de troussequin de selle. 70
Le Souk el Attarin ou bazar des parfumeurs 71
Souk des chéchias 72
Souk el Attarin et porte de la Mosquée Zitouna. 73
Le Souk des tailleurs. 74
Boutiques arabes. 75
Plâtres sculptés par Ali es Sakka. 76
Reliure en papier doré découpé par Si Younès el Hachaïchi. 77
Clôture ajourée d'une boutique du Souk des chéchias. 78

Miniature exécutée par Si Younès el Hachaïchi. 79
Maison rue Kouttab el Ouazir. 81
Marque des fabricants de chéchias 82
Marques des fabricants de chéchias 83
Environs de Tunis. — L'aqueduc de Carthage 84
Palais de la Manouba Portique antérieur. 85
Palais de la Manouba. Pendentif de la rotonde 86
Palais de la Manouba. Plafond de la bibliothèque 87
Kiosque de la Manouba. 89
Kiosque de la Manouba. 90
Palais du Bardo. Pendentif d'un salon démoli 91
Palais du Bardo. Escalier des lions 93
Palais du Bardo. Salle du Trône 95
Palais du Bardo. Grande Salle de la mosaïque de Sousse 96
Vue générale de Kairouan prise du sud de la ville 98
Vue générale de la Mosquée de Sidi Okba prise du sud-est 99
Panorama pris du Minaret de la Grande Mosquée. 101
Cour de la Grande Mosquée. Tympan d'arcades au portique ouest. 102
Cour et Minaret de la grande Mosquée. 103
Une des portes de la façade occidentale de la grande Mosquée 104
Vue prise du haut de la porte de la Kasba. 105
Deux petites mendiantes. 106
Maison dans le quartier des Chorfas 107
La rue principale. 109
Plan de la Mosquée de Sidi Okba par H. Saladin. 111
Cour et façade intérieure de la Mosquée de Sidi Okba. 112
Mosquée de Sidi Okba. Porte latérale façade est, ou porte de Lella Rejana. . . . 113
Mosquée de Sidi Okba. Portiques 115
Mosquée de Sidi Okba 116
Portes en bois de la grande Mosquée sur le portique nord. 117
Vue intérieure de Sidi Okba sur la porte Lella Rejana 119
Mosquée de Sidi Okba. Vue intérieure sur une des portes de la façade occidentale. 121
Intérieur de la grande Mosquée 123
Mosquée de Sidi Okba. Angle de la Maksoura d'Abou-Temmin el Moezz. . . . 124
Le mimber et le mihrab de la Mosquée de Sidi Okba. 125
Détail de la face latérale gauche du mimber ou chaire de la grande Mosquée . . 126
Intérieur de la grande Mosquée 127
Porte de la Maksoura de la Mosquée de Sidi Okba d'après une aquarelle de H. Saladin 128
Zaouïa de Sidi-el-Alleni. 129
Vue de la Mosquée du bey et de Bir el Barrouta 131
Mosquée des trois portes 132
Cour intérieure de la Zaouïa de Sidi abid-el-Gahriani 133
Environs de Kairouan. — Mosquée du Barbier, vue de la cour d'entrée. . . . 135
Environs de Kairouan. — Mosquée du Barbier 1er patio. 137
Environs de Kairouan. — Mosquée du Barbier. Portiques du second patio . . . 139
Mosquée des Sabres extra-muros ou mosquée de Sidi-Amor-Abbada 141
Tunis. — Faubourg de Bab-Menara 144

Cliché Garrigues.

Tunis. — Faubourg de Bab-Menara.

TABLE DES MATIÈRES

Avant-propos 1

TUNIS

CHAPITRE PREMIER

Histoire 7

CHAPITRE II

Description générale de Tunis. 21

CHAPITRE III

La vie indigène. — Les maisons, les palais, les mosquées 31

CHAPITRE IV

Les Souks. — Les Artisans 69

CHAPITRE V

Les palais extra muros. — Le Bardo. — La Manouba. — La banlieue de Tunis. — Sidi Bou Said 81

KAIROUAN

Les mosquées. — Les maisons. — Les cimetières 98

Table des illustrations 141

ÉVREUX, IMPRIMERIE CH. HERISSEY ET FILS

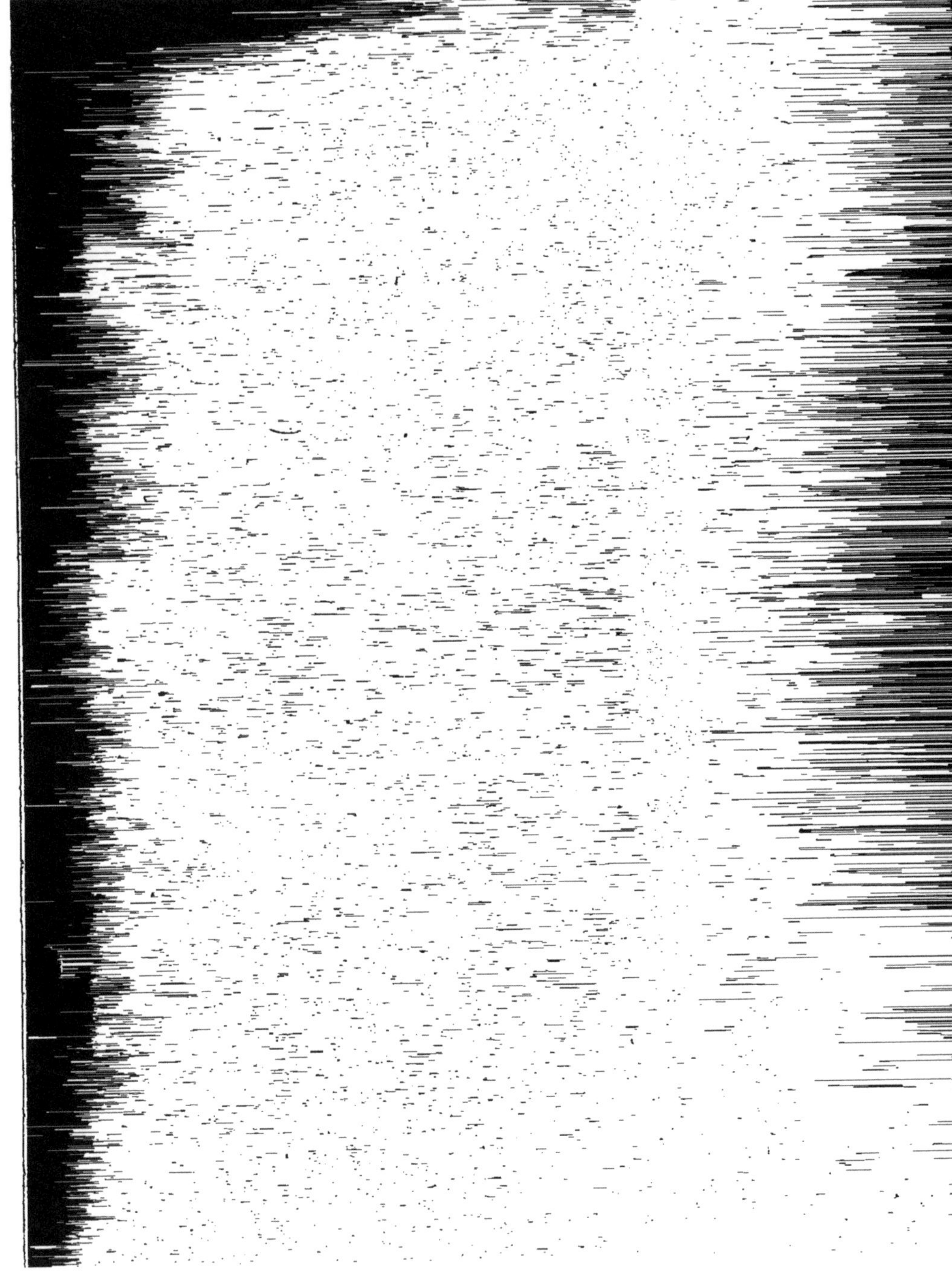

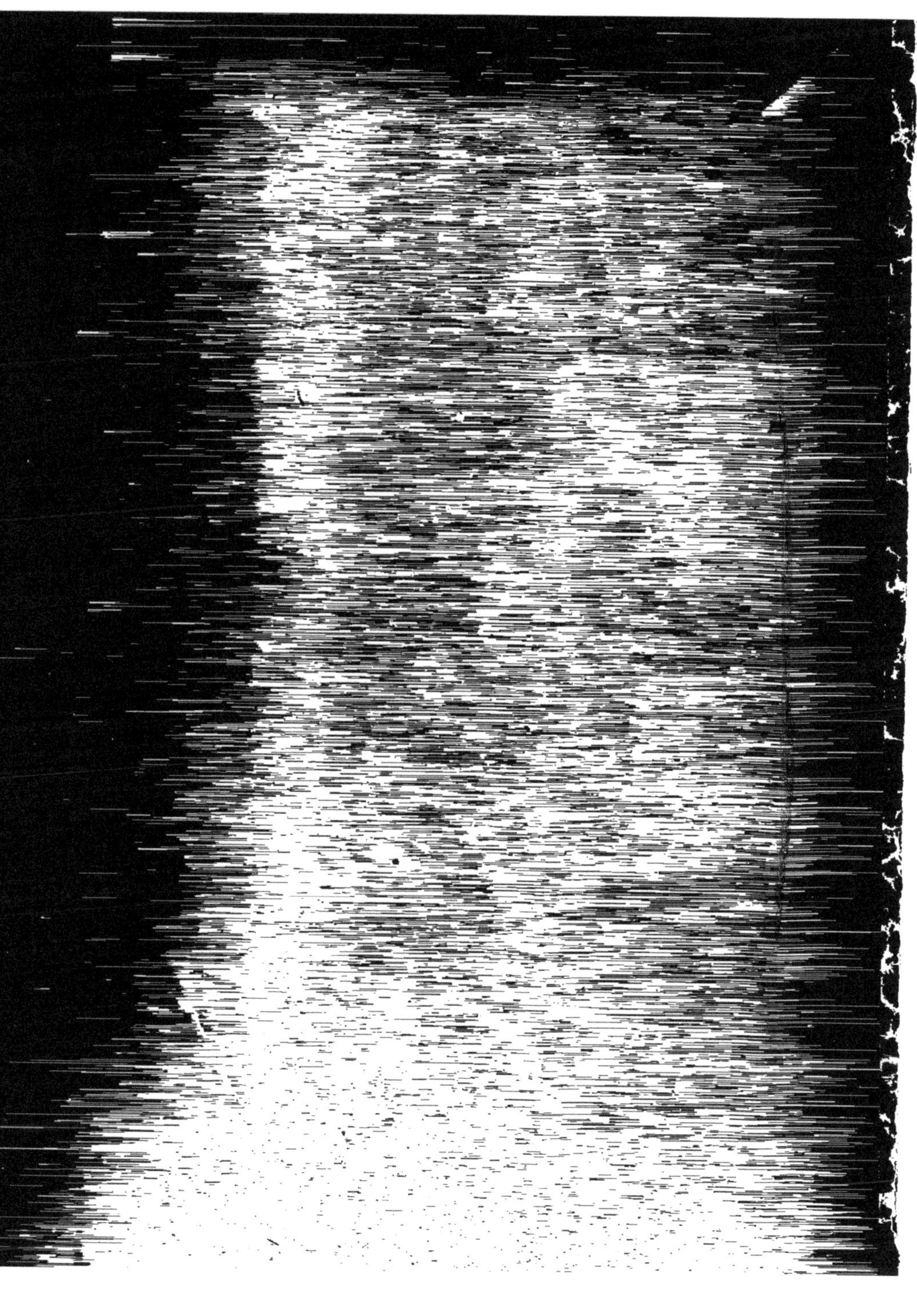

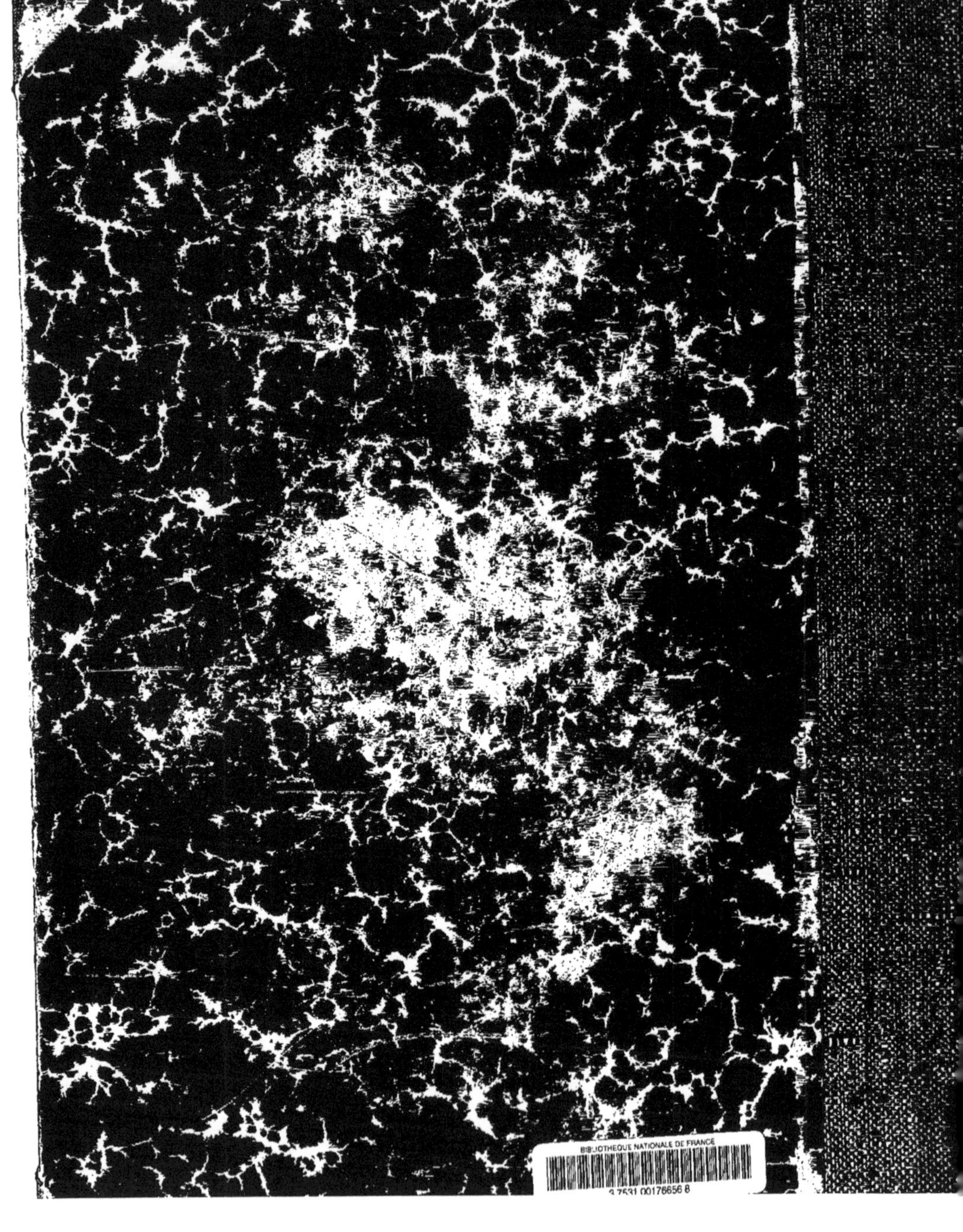

www.ingramcontent.com/pod-product-compliance
Ingram Content Group UK Ltd.
Pitfield, Milton Keynes, MK11 3LW, UK
UKHW020253250726
13967UKWH00004B/1662